电子竞技运动与管理专业系列教材

# 电子竞技解说教程

恒一　李季涛　乔宇　编

机械工业出版社
CHINA MACHINE PRESS

全书共分八章，包括：电子竞技解说概述、电子竞技解说的发展历程和人员培养、电子竞技解说的功能和原则、电子竞技解说的角色定位和职业素养、电子竞技解说实践、电子竞技游戏解说体系、电子竞技解说经典案例分析、电子竞技解说受众的接受动机。本书理论与实践相结合，目的是让读者对电子竞技解说有一个系统全面的认识，并引导读者深入理解和钻研规则设置，对战术进行分析、对比赛走势进行预判等。

本书可作为高等职业院校、民办院校、社会培训学校等院校电子竞技运动与管理专业的教材，同时也可作为相关从业人员的学习参考用书。机工社电竞交流 QQ 群：780477302。

**图书在版编目（CIP）数据**

电子竞技解说教程/恒一，李季涛，乔宇编. —北京：机械工业出版社，2020.1（2025.1重印）

电子竞技运动与管理专业系列教材

ISBN 978-7-111-64629-7

Ⅰ.①电… Ⅱ.①恒…②李…③乔… Ⅲ.①电子游戏-运动竞赛-讲解工作-高等学校-教材 Ⅳ.①G898.3

中国版本图书馆 CIP 数据核字（2020）第 021186 号

机械工业出版社（北京市百万庄大街22号 邮政编码100037）

策划编辑：李 莉 刘思海 责任编辑：李 莉 刘思海

责任校对：张莎莎 封面设计：马精明

责任印制：单爱军

北京虎彩文化传播有限公司印刷

2025 年 1 月第 1 版第 3 次印刷

184mm×260mm·9.5 印张·228 千字

标准书号：ISBN 978-7-111-64629-7

定价：39.00 元

电话服务　　　　　　　　　　网络服务

客服电话：010-88361066　机 工 官 网：www.cmpbook.com

　　　　　010-88379833　机 工 官 博：weibo.com/cmp1952

　　　　　010-68326294　金 书 网：www.golden-book.com

**封底无防伪标均为盗版**　机工教育服务网：www.cmpedu.com

# 前　言

随着社会经济的不断发展和人民生活水平的逐渐提高，具有娱乐休闲功能的体育赛事已成为交友、放松的重要方式，越来越多的群众关注和参与到体育赛事中来。在这样的大背景下，多样化和个性化的体育赛事逐渐出现，电子竞技就是其中之一。

这些年，电子竞技热潮催生出了一些新的职业，如职业选手、数据分析师、电子竞技裁判员等，而在电子竞技相关职业中，备受玩家关注的便是电子竞技解说员。

正如很多传统体育赛事都需要相应的体育解说员一样，一场电子竞技赛事也同样需要一位或多位解说员来把控全场。一般来说，电子竞技赛事主要依托网络媒介传播，在传播过程中，电子竞技解说员掌控整个赛事过程的节奏和进度，成为一个观众与赛事交流的渠道，也对观众欣赏和理解比赛起着举足轻重的作用。而解说这项工作也就成了提高赛事观赏性和传播效果的重要渠道之一。

但是，就业门槛低、业务水平差、思想素养参差不齐、行业流动性强、金钱趋向性高、监管力度不够等职业困境困扰着一大批电子竞技解说从业者或爱好者。随着电子竞技赛事规范化、体育化，观众对电子竞技解说员的质与量提出了更高的要求。合格的电子竞技解说从业者既要具备播音主持的业务能力，也要对游戏有深入、独到的了解。而国内的高校、企业及行业协会也在积极探索，培养"科班"的电子竞技解说员，为赛事服务。

本书特色如下：

1. 将传统体育解说共性部分的理论知识作为依据，对电子竞技解说的理论知识进行了比较客观的分析。

2. 梳理了推动电子竞技解说行业发展的电子竞技赛事、标志人物以及相关事件，对电子竞技解说的分类、功能、原则、风格、角色定位和职业素养等进行诠释。

3. 结合游戏、经典解说案例以及受众的接受动机，对电子竞技解说实践进行了探索。

在本书编写过程中，得到了众多电子竞技解说行业从业人员的帮助并参考了众多专家的相关文献，在此一并表达衷心的感谢。同时，也感谢机械工业出版社为本书的出版付出的辛勤劳动。

我国的电子竞技解说行业目前正处在亟待转型的阶段，我们希望本书能为行业贡献些许力量。

编者

# 目　　录

# 第一章
# 电子竞技解说概述

## 第一节　电子竞技解说的基本概念

### 一、广义与狭义的概念

电子竞技解说的本质是一项基于电子竞技赛事的观赏服务。

从广义上来说，电子竞技解说包括了一切与电子竞技解说活动相关的播音工作及相关工作人员，如解说员、评论员、嘉宾和视频讲解员，同时还包括了在网络直播平台上解说电子竞技游戏的主播等。

从狭义上来说，电子竞技解说是指通过特定的传播媒介，以电子竞技受众为服务对象，对电子竞技赛事进行口头即时描述、解释和评价，以便观众更好地观赏电子竞技赛事的播音工作。电子竞技解说员特指官方电子竞技赛事指定的解说员，以及和电子竞技经纪公司以解说员身份签约的解说员。官方电子竞技赛事指定的解说员是指由电子竞技项目组委会或举办方特意安排，在官方赛事过程中负责实时解说或录播解说的工作人员。

为了让大家对电子竞技解说员广义和狭义的概念有更好的认识，我们以 DOTA2 国际精英邀请赛为例进行讲解。在邀请赛期间，我们可以通过官方解说员、知名主播、视频录播等渠道欣赏比赛。从广义上来讲，以上所有渠道的解说人员都可以定义为电子竞技解说员，例如，我们知道的 "OB" [⊖]，其主要身份是直播平台签约主播，但也会进行赛事解说，此时他们的身份可以与电子竞技解说员重叠。但是，从狭义的定义来讲，只有官方解说员、嘉宾及少部分主播可以定义为电子竞技解说员，例如，被 DOTA2 国际精英邀请赛主办方——美国维尔福软件公司邀请的解说员和嘉宾，以及国内一些拥有赛事版权的电子竞技公司的签约解说员（如 MarsTV 的签约解说和少部分被主办方指定在直播平台上进行解说的主播）。

### 二、电子竞技解说和传统体育解说之间的关系

在观看电子竞技解说的时候，很多细心的观众会发现，电子竞技解说与传统的体育解说有很多相似的地方。

2003 年 11 月，国家体育总局把电子竞技列为我国正式开展的第 99 项体育竞赛项目。2008 年，电子竞技运动被重新定义为国家第 78 项体育运动项目。所以从定义上看，体育运

---

⊖ 由姜岑（YYF）、陈尧（zhou 神）、谢彬、黄翔（龙神）、邹倚天（820）、周雄（宝哥）等知名退役选手组成的组合。

动包含电子竞技运动，与之相关的体育解说范畴就包含了电子竞技解说。但是，因为社会对于电子竞技的认知及电子竞技自身的特殊性，使得电子竞技解说与传统体育解说又存在着很多差异。

（一）相同点

第一，电子竞技解说在整体概念上与传统体育解说类似，都是一种基于赛事、服务于赛事观众的播音活动。

第二，电子竞技的解说及转播的人员分工也大量借鉴传统体育当中的模式，如，会在解说中分设解说员席位：主解说员席位、评论员席位和嘉宾席位等；对电子竞技解说员的普通话及体态等要求也会参照传统体育解说来规定；对于大型赛事转播的协调和规则制度也以大型体育赛事作为参照。

第三，电子竞技解说的赛事信息采集，以及新闻编写、转播等方法也与传统体育赛事解说类似。

（二）差异点

第一，电子竞技解说与传统体育解说在传播媒介上不同。传统体育解说主要依靠电视媒体和广播媒体传播。广播体育解说曾经在一段时间内占据核心地位，但是随着时间的推移，电视转播技术逐步成熟，可以让电视机前的观众拥有更加强烈的临场感，享受和现场一样的画面信息，而动作回放等功能也可以让观众看到转瞬即逝的精彩镜头。所以电视媒体逐渐成为传统体育赛事的主要传播手段，与电视转播技术相辅相成的电视体育解说也逐渐取代了广播体育解说的地位。而且因为电视机的高普及率，也使得电视体育解说拥有了庞大的受众基数。

电子竞技解说与传统体育解说相比，更加依赖于互联网。因为国家政策早期对电子竞技项目在电视直播、转播的限制，使得电子竞技项目只能与网络新媒体深度结合，形成独特的规则体系。

第二，电子竞技解说与传统体育解说在传播的内容上存在较大差异。传统体育经历长时间的发展和积累，其项目规则经过修改逐渐简化，通俗易懂。并且由于长时间的积累，传统体育当中有很多项目拥有广泛的群众基础。所以传统体育解说员在解说时，不需要将过多的精力放在比赛规则的具体介绍及比赛画面的实时描述上，而是更加注重对于比赛战术的分析及观众情绪的带动，所以语速较为缓和，语气情绪可以调动的范围较大。

电子竞技项目发展时间较短，群众基础较差，并且电子竞技赛事是基于电子竞技游戏举办的比赛，规则往往较为复杂，很多受众即使玩了一两年该电子游戏也并没有办法完全掌握其游戏规则和游戏机制。这就使得电子竞技解说员在解说过程中，需要对游戏机制及比赛规则进行较多的描述。同时，电子竞技项目很多时候在同一屏幕内会出现大量信息，使得绝大多数观众无法在短时间内看清楚、看明白整个过程，所以需要电子竞技解说员在短时间内将屏幕上的信息描述清楚，这对解说员的口眼协调能力及画面处理能力要求比较高。这也使得解说员的语速往往较快、音调较高、语气情绪较为单一。

第三，电子竞技解说的受众和传统体育解说的受众差异较大。电子竞技项目的受众年龄普遍偏小，核心用户群体集中在 16～25 岁。这一群体是伴随着互联网成长的，其自我意识浓烈，并且他们对互联网知识及文化的认识较深刻。所以电子竞技解说员在解说的时候，需要熟悉网络文化，并且需要具备鲜明的个性色彩和语言风格才可以更好地迎合受众。而传统体育的受众较电子竞技来说较为广泛，年龄范围也偏广，对于网络文化的需求和熟悉度并不是很高，传统体育受众更倾向于较为朴实和平稳的解说。

通过以上的比较，我们可以知道电子竞技解说属于传统体育解说的一个分支，但其区别于传统意义上的体育解说。

## 第二节 电子竞技解说的特点

虽然电子竞技解说隶属于传统体育解说，但是因为其受众、传播介质和传输内容的特殊性，使得电子竞技解说与广播解说、电视解说及新媒体解说相比，有属于自己的特点。

### 一、使观众的融入感更深

电子竞技项目和传统体育项目相比，对受众的身体条件和进行比赛的场地要求并不严苛，很多受众都亲自体验过游戏。由于电子竞技游戏本身附带的沉浸式体验和丰富的画面表现力，再结合电子竞技解说员的语言艺术和情绪渲染，使得受众往往会将自己带入到电子竞技项目当中，回想自己会做出什么样的选择。这种融入感是传统体育项目很难比拟的。

### 二、对数据更加依赖

所有的电子竞技项目都是建立在大量的数据运算和数据机制之上，这就使得电子竞技对数据的依赖性非常大，也使得电子竞技解说员在解说比赛时会进行大量的数据播报，如击杀比分、经济面板及基于比赛的关键时间点等。

而在传统体育比赛当中，更多的是基于"人"这个概念，所以我们可以看到对于数据的依赖并不是很严重，传统体育解说员在解说时更多地将精力放在场上形式的变化，以及选手挑战身体极限的可能上。

### 三、使受众可以随时随地全方位欣赏电子竞技赛事

伴随着视频转播技术及互联网通信技术的发展，电子竞技赛事的观众可以凭借移动设备，无论是直播还是回放，都可以随时随地观看自己感兴趣的电子竞技赛事及电子竞技解说，而不会像传统电视体育赛事一样，受限于电视台的转播时间及电视设备。如今，除了传统的游戏直播方式，观众甚至可以用 VR 视角来观看电子竞技赛事。同时，电子竞技解说也不像广播体育解说那样只呈现声音，而是音画同时呈现，这使得受众可以全方位欣赏电子竞技赛事。

### 四、拥有专属的独特语言文化

电子竞技赛事始于电子竞技游戏，成长于互联网的高速发展。电子竞技的主要受众是在互联网时代下成长起来的 80 后、90 后、00 后，他们对于新鲜事物的接受度很高，熟悉网络文化和游戏文化；所以电子竞技形成了独特的语言文化。这也使得电子竞技解说需要熟悉这方面的文化。例如《星际争霸 II》中的"太阳拳"，《炉石传说》中的"圣骑士的斩杀"等。这些特殊的词语往往代表着电子竞技游戏中著名的事件或战术，由玩家自行发明；或者由某些在该项游戏中比较有权威的人发明，然后受到玩家的一致认同而流传下来。如果电子

竞技解说员不熟悉这样的词语，不但会使得其解说失色不少，还难以调动观众情绪。

同时，因为电子竞技成长于互联网，所以互联网的很多网络用语与电子竞技融合度非常高。电子竞技解说在解说时穿插当下热门网络用语并不会显得特别突兀，而传统体育解说在使用网络用语时往往会显得比较突兀。

### 五、门槛较低

传统体育解说员绝大多数都经历过专业的播音院校培训，通过电视台和广播电台的考核之后，才开始从事解说工作。由于电子竞技解说发展的特殊性，只有极少部分的电子竞技解说员有专业播音院校学历教育的背景，绝大多数的电子竞技解说员为退役职业选手、玩家高手、电子竞技爱好者等。

同时，因为电子竞技与互联网的高度融合，以及游戏赛事版权并没有传统体育赛事版权那么严苛，因此玩家可以通过直播平台解说比赛视频，也可以通过录制视频来解说比赛。从广义的概念来说，任何人都可以成为电子竞技解说员。

### 六、拥有更加鲜明的特色

在传统体育解说员中，名嘴如韩乔生、黄健翔等，都是因为具有自己鲜明的特色而被人熟知和牢记。在电子竞技解说中，观众对于解说特色的喜爱和需求更加强烈。因为电子竞技赛事的受众普遍较年轻，受互联网文化的影响，较早地树立了自我意识，而且比较强烈，喜欢追求有特色、独具一格的事物。所以我们可以看到，在电子竞技解说中，具备自己鲜明特色的解说员更多，甚至观众会为他们添加符合其自身特色的专属外号。例如，孙一峰（F91）被观众起名"会长"；杨淮宁（5400）因为在第二届 DOTA2 亚洲邀请赛上精彩的赛后评论解说及极富有个人特色的"等待他们的只有灭亡"解说术语，被人们熟悉和喜爱。由此我们可以发现，电子竞技解说员与传统体育解说员相比，需要更加鲜明的解说特色及个人特色。

### 七、电子竞技解说的组织结构尚不完善

如前所述电子竞技解说的门槛较低。这一方面是因为电子竞技自身成长的特殊性；另一方面是因为电子竞技解说的组织结构不完善。尤其是没有像传统体育解说一样有一套行之有效、成规模的教育培训方案，也没有专业的播音院校开设电子竞技解说相关的教育培训。

同时，针对电子竞技解说，目前没有特别具有影响力的选拔形式，如没有权威的电子竞技解说大赛。电子竞技解说的选拔，更多的是依靠电子竞技解说自身前期的野蛮成长，等其自身具备一定知名度之后被电子竞技赛事公司直接签约，然后再进行职业培训和深造。

## 第三节　电子竞技解说的分类

电子竞技解说按照不同的标准会形成不同的分类。

### 一、按照解说风格分类

随着电子竞技的发展，对电子竞技解说的职能要求也越来越高，观众希望解说员既专

业，又幽默，同时还富有激情，并且可以条理清晰地解说复杂多变的赛事战况，如团战。于是在长期发展之下，解说的风格因为观众的需求自然形成三种不同的风格。

（一）专业型解说

此类解说的个人风格比较沉稳，同时具备非常高的电子竞技游戏及赛事的理解水平，要整体高于同项目的其他类型解说，但不需要达到职业选手水平；熟练掌握赛事解说流程及操作章程，对于赛事战队信息有充分的掌握。专业型解说是电子竞技赛事中必不可少的解说位置，也是电子竞技赛事解说的中流砥柱。他们主要负责电子竞技赛事的专业分析和解读。例如，对局势走向的解读、对游戏机制的分析和普及、对选手 BP<sup>⊖</sup>思路的分析等，甚至要根据现有局势对比赛结果进行预判。

（二）娱乐型解说

此类解说的个人风格比较活跃、风趣，多与解说自身性格相符合，具有非常强烈的个人特点。这种个人特点的树立不只是局限在电子竞技赛事当中，也可以是解说自身的特点。在解说时，娱乐型解说相比专业型解说，更加注重气氛的调节和满足观众的娱乐精神追求。所以，娱乐型解说的解说范围特别广，可以是与电子竞技赛事相关的一切内容。如选手的小故事或者通过现场情况来提出一些具有幽默感的话题。但是作为娱乐型解说，并不是意味着其对于电子竞技项目的专业知识可以不储备，解说技能可以不练习，只负责在场上"带节奏""讲笑话"，而是要在关注比赛动向和节奏的同时，合理地、恰当地、巧妙地穿插娱乐性语言，把握好专业性和娱乐性的比重，从而达到烘托比赛气氛、满足受众娱乐精神追求的体验。

（三）激情型解说

此类解说的个人风格如同字面意思，就是要饱含激情。这份激情也就是其浓烈的个人特色。这样的解说，首先要对于其涉足的电子竞技项目有足够的热爱，将自身的感情融入其中，在解说的时候才可以迸发出足够的感情，来感染观看电子竞技赛事的受众。同时这类解说在电子竞技游戏专业知识储备上可能不如专业型解说，但是在解说技巧、文学表达技巧以及口齿表达上要求非常高。因为此类解说往往是主导团战解说的主力，如果口齿不清、团战描述混乱，即使再富有激情也很难让观众满意。当然如果此类解说有足够的文学底蕴，在解说时不但感情丰富，还能妙语连珠，一定会被广大观众喜爱和认可。

二、按照人员配置分类

随着电子竞技的发展以及观众对于电子竞技解说的要求越来越高，使得人们发现原本一个人可以完成的解说任务，需要多人合作分工来完成。于是电子竞技解说开始参照与借鉴体育解说，组合解说的方式逐渐出现。

按照人员配置分类，可以把电子竞技解说分为单人解说、双人解说、三人解说、多人解说。

单人解说在目前的电子竞技解说环境中已经不多见了。因为一个人很难兼顾多种风格，尤其是对时效性要求非常高的场合（如比赛直播），即使解说的个人能力非常优秀且具备多种素质，也会分身乏术、疲于奔命。所以单人解说多出现在节奏较慢的卡牌类游戏直播当

---

⊖　BP 是《DOTA2》《英雄联盟》等电子竞技游戏的比赛术语，是 BAN/PICK 的简称。BAN 为禁用，PICK 为挑选。

中；或者出现在视频解说和民间解说当中。因为视频解说并不是实时解说，解说可以自己提前做好文案并不断解决录制过程中出现的问题。而民间解说多以一个人出现的原因则是出于对游戏的热爱以及自身影响力不够。

双人解说在目前电子竞技解说环境中出现较多。两个解说可以快速形成默契，互相弥补彼此间风格的缺失。我们常见的双人解说，多以一人为专业型、一人为娱乐型这样的形式搭配。双人解说在 RTS 类游戏中最为多见，如著名的星际老男孩组合就是非常成功的双人解说组合。

三人解说在目前电子竞技解说环境中最为多见，在规模较大的电子竞技赛事当中，三人解说几乎成为了标配。对比双人解说，三人解说会有更加多变的风格组合来满足更多的电子竞技爱好者的需求。由于多一个人的存在，各个解说之间的分工更加明确，可以将更多的精力放在其擅长的领域和专属的职责中。同时女性解说，多见于三人解说中，会为解说添加一种新鲜的、靓丽的氛围。如双人解说中有女性，则通常会出现男性解说占据太大的空间，出现一边倒的局面。而在三人解说中，通常两位男性解说配合一位女性解说，两位男性解说相互配合女性解说，使局面不会出现一边倒的情况，并且可以最大化释放各位解说的能力。不过对比双人解说，三人解说对于解说彼此间默契的要求更加高。

多人解说常出现在超大型赛事中。如英雄联盟世界总决赛、DOTA2 国际邀请赛，多以三人解说为基础，在此之上添加嘉宾解说、赛后解说等解说席位，从而形成了多人解说。嘉宾解说多以职业选手为主，对于观众来说可以从更深层次的角度理解赛事，并且看到自己喜欢的职业选手解说也是另一种新的体会。多人解说的诞生，一方面是因为赛事规模的潜在需求，另一方面是为了迎合更多的观众需求。但是多人解说，因为人数较多，而嘉宾多为职业选手，解说经验较少，往往会出现配合问题，对解说之间的默契要求更高，往往需要一位非常有经验的解说把控整体流程。

### 三、按照传播介质分类

电子竞技解说按照传播介质大致可以分为 PC 端解说、游戏机端解说、移动端解说。

在当前的电子竞技环境当中，以 PC 端电子竞技项目为主流。所以 PC 端电子竞技解说目前是人数最多的，占据电子竞技解说的主流。

而游戏机端解说，多见于日本以及欧美等，这些国家和地区有深厚的主机、掌机文化，反而 PC 端电子竞技游戏并不是特别流行。而从主机、掌机中也诞生了很多电子竞技项目和赛事。如以《拳皇》系列和《街头霸王》系列为主的日本斗剧（日本著名的格斗类电子竞技赛事），如以《精灵宝可梦》这一掌机游戏为基础的世界锦标赛等。这些电子竞技赛事虽然不在 PC 端，但是在世界范围内依然具有很高的影响力。此类游戏解说可以归类为游戏机端解说。

随着移动互联网的不断发展以及电子竞技游戏在移动端的开发，很多建立在移动端的电子竞技游戏开始吸引了大量的受众。其中的顶级作品之一——《王者荣耀》，建立的电子竞技赛事体系广受欢迎；之后又涌现了《球球大作战》等一系列移动电子竞技项目和赛事。将此类电子竞技游戏解说归类为移动端解说。

# 第二章
# 电子竞技解说的发展历程和人员培养

## 第一节　电子竞技解说的发展历程

电子竞技解说发源于民间，最早的雏形诞生于网吧和工会的比赛之中。当时国内的互联网还不发达，广大的电子竞技爱好者多以网吧为聚集地进行切磋，久而久之，玩家小团体形成了战队，战队和战队又直接形成了工会。在这一演变的过程中，为了满足新手玩家对于游戏的理解，电子竞技解说最早的雏形便诞生了。并且，从事这项工作的人往往是由战队内实力优秀的人担当，能对玩家双方的切磋进行现场点评。

而后随着韩国对电子竞技的举国投入，使得电子竞技解说正式出现在了人们的视野中。世界电子竞技大赛（World Cyber Games，简称 WCG）不但对电子竞技有着重要的意义，对于电子竞技解说一样有着重要的意义。正是 WCG 这样的世界舞台，给予了电子竞技解说展示的机会，高规格的舞台也使得电子竞技解说成为了必不可少的组成部分。

WCG2011 比赛现场

电子竞技选手有机会以解说员的身份登上舞台，为广大电子竞技爱好者解说自己喜爱的项目。同时，韩国还推出了当时世界上唯一的电子竞技电视联赛，当电子竞技项目可以在电视上播出的时候，电子竞技就可以向传统体育的运营模式靠拢，形成一套完整的产业链。但是这一阶段，解说员的主要人选还是以专业的播音主持人为主，电视台的专业主持人通过学习相关电子竞技项目，再结合自身优势进行解说。

此时，国内的游戏电子竞技行业也开始正式发展。多个地方台开始创办游戏和电子竞技相关的电视节目，如我们熟知的《游戏东西》和《游戏风云》，但是当时在国内还没有成熟的电子竞技解说这一概念，于是这些电视节目通过自己的摸索为中国电子竞技培养了大量的电子竞技解说优秀人才。其中最为著名的非段暄莫属，他可以说是中国传统体育解说员与电子竞技结合的典范。

1995 年，段暄大学毕业后进入了中央电视台，成为一名体育记者。1996 年，段暄在担任《足球之夜》节目记者的同时，还客串担任《足球总汇》节目的主持人。1998 年，在法国世界杯上，段暄第一次参与世界杯并担任后方编导。2000 年 11 月 27 日，段暄成为《天下足球》栏目的主持人。2002 年，段暄成为中央电视台体育频道在韩日世界杯上的前方记者。2003 年，段暄开始主持电视周播栏目《电子竞技世界》。这档由 CCTV5 创办的以体育类电子竞技游戏为主要节目内容的电视周播栏目一经播出后，深受广大电子竞技玩家喜爱。栏目以资讯、言论、人物、赛事为主要切入点，及时捕捉国内外产业发展的最新动态、分析产业发展的现状和规律、展现业内精英的思想见地、组织国内国际范围的体育电子竞技赛事，以此在青少年中倡导健康积极的电子娱乐方式，促进中国电子竞技产业的发展。而段暄以扎实的主持功底、开阔的视野和幽默风趣的主持风格，将这档节目推向顶峰。其实此档节目可以被认为是传统体育行业借助中央电视台这个平台对电子竞技运动进行规范、整合及收编。

与此同时，随着国内对于国外电子竞技赛事先进理念的学习，以及对于国外赛事的承办，尤其是 WCG 赛事的承办，使得国内出现了一些优秀的电子竞技公司，如 PLU 游戏娱乐传媒、NE-OTV 等。这些电子竞技公司不但弥补了当时中国电子竞技赛事组织方面的缺陷，同时也为广大的电子竞技爱好者提供了成为电子竞技解说员的机会。这些电子竞技公司拥有专业的赛事组织能力，根据赛事需要对解说员进行发掘和培养，使得中国的电子竞技解说员在解说领域得到了长足的发展。可以说，中国的第一批电子竞技解说员就是在这些力量的帮助下迅速成长起来的。

《游戏东西》Logo

《游戏风云》Logo

PLU 游戏娱乐传媒 Logo

**NEOTV Logo**

2004 年，国家广播电影电视总局发布《关于禁止播出电脑网络游戏类节目的通知》，这时在所有的电视媒体上都看不到电子竞技的身影。万幸的是，此时，基于 P2P 技术的网络电视应运而生。以 PPS 为首的众多网络电视，使得电子竞技在当时可以延续下来。同时，电子竞技解说也在这一阶段得到了储备，并且将之前的电视解说经验应用到了网络电视当中。

随着技术的进一步提升，以优酷为首的视频网站的出现给了电子竞技解说一个新的方向，那就是视频解说。由于优酷对游戏频道的大力推广和支持，使得众多的电子竞技选手及爱好者可以以极低的门槛去尝试视频解说。而优酷基于视频点击量的广告分成和推广也给了很多视频作者足够的经济空间让他们可以做出优秀的作品。这一时期，视频解说员如雨后春笋一般出现。

到 2016 年，电子竞技的火热及直播平台的出现，真正地确立了电子竞技解说的重要地位。优秀的赛事少不了优秀的解说，而购买了赛事版权的直播平台也需要属于自己的电子竞技解说员来为平台增光添彩。于是电子竞技解说员成为了各大赛事和直播平台争抢的对象。

## 第二节　电子竞技解说员的培养和选拔机制

### 一、电子竞技解说员的普遍问题

近年来，随着电子竞技游戏项目的多样化，电子竞技赛事不断增多，人们欣赏水平逐渐提高，电子竞技观众的数量已经超过一些传统体育项目，与此关联，电子竞技解说的发展也势头正猛，大有要超越以往篮球、足球等体育解说的趋势，并且广大观众和电子竞技爱好者也逐渐接受并喜欢上这种新兴的解说形式。但是，我国电子竞技解说员的专业素质与迅速发展的直播平台和广大观众的欣赏需求还存在较大差距，真正获得好评和高满意度的电子竞技解说员寥寥无几。提高电子竞技解说员的专业素质，已经成为此类人才培养的最重要的问题。

#### （一）体育理论知识不足

无论是哪一个体育项目的解说员，都应该在具备良好语言功底的同时，储备大量的体育专业知识，这些知识如果充足，就能很好地应对体育解说时遇到的各种情况。但是，在目前的电子竞技解说行业中，很大一部分解说员并非毕业于体育类院校，与学习内容主要是体育专业知识的从业者不同，他们所拥有的体育理论知识主要是从平时的生活和体育活动中习得，可以说是不系统、不完整，甚至有可能是不科学的。

体育是一项与人类历史同样悠久的社会活动，发展到现在，它已经成为一门集多学科为一体的综合性学科，既涉及社会科学，也涉及自然科学，知识量非常大。特别是竞技体育，称之为现代化的、高科技的竞争是不为过的。而电子竞技是电子游戏比赛达到"竞技"层面的体育项目，也属于体育大类。电子竞技赛事视觉特色非常强，想要达到良好的解说效果，解说员必须抛弃表面的、观众可以一眼看明白的信息，而要深入挖掘内在的、观众不曾注意或比赛中隐藏的信息，例如引导观众欣赏队员的表情和动作、分析教练员和队长制定的战术等。所以，如果电子竞技体育解说员没有一定的体育理论知识做有力支撑，是很难做好解说工作的。

### （二）基础业务水平不高

如果说电子竞技解说员对体育项目的理论、技战术思想等认识不深，这个现象可能还容易被人理解，因为毕竟不是体育专业出身的。但在解说过程中，出现解说与画面游离、冷场、反应慢、口吃等现象，则会被人们认为是解说员业务不熟练造成的；更有甚者，解说中竟然出现选手身份不匹配、介绍信息严重错误等问题；还有些解说员在若干年的解说工作中，解说词不更新、重复率高，少有变化，观众掌握到"听前言，知后语"的规律，从而失去了新鲜感。

电子竞技本身是一个竞争性很强的领域，同时，其娱乐性也很突出，这导致了越来越多的电子竞技爱好者认为只要具备熟悉电子竞技、说话幽默风趣、声音条件好等基本素质就可以加入电子竞技解说员的行列中，这样的现象让大众觉得电子竞技解说是个低门槛的工作。电子竞技解说员大多是"退役"选手或玩家，"草根"特色鲜明，素质参差不齐，他们对游戏很了解，但解说不够专业。

纵观电子竞技解说员在解说过程中，因为比赛节奏快、气氛紧张，经常会出现吐字不清、声音不够圆润集中、不能准确地在镜头前用语言表达出自己的意图等情况，这些问题使得他们的解说质量大打折扣，甚至留不住观众。尽管解说不是播讲新闻，但面对广大观众，电子竞技解说员便有了自己的社会职能，不考虑内容的质量，最基本的就需要做到语音标准规范，吐字清晰准确。目前，网络成为了电子竞技爱好者观看赛事直播的第一媒体，但新媒体的传播环境同样需要解说员严谨认真的工作态度，提高解说的基础业务水平，真正做到传播大众、服务大众。

### （三）缺乏播讲愿望和激情

电子竞技解说更多属于播音主持学科的范畴。播音员和主持人是有声语言的二度创作，需要充分调动自己的情绪，对观众实现主动播讲的激情；而播讲愿望是一股内驱力，是播音员和主持人将主观感受强化并向宣传职能方向转化的一种有很强烈的转告、回答、说服、批驳和打动，启发人的愿望。

电子竞技解说是结合电子竞技赛事直播、网络视频创作而呈现的，在有声语言表达过程中，解说员播讲愿望和播讲激情的强烈与否直接影响着其在解说时的状态，体现着创作主体对于稿件内容的关切程度。积极的播讲愿望是实现稿件播出目的的必要条件，是影响受众收听、收视心理的一个主要方面。但是，我们经常会听到电子竞技解说员在解说一场关键比赛时，声音呆板平稳，语气缓慢，和观众的狂热、竞技的紧张氛围格格不入。相较这样的情况，有的解说员则是语调时高时低，语速时快时慢，随着现场比赛的节奏走，带有播讲愿望和激情的情绪、话语可以带动观众的喜怒哀乐和关注点，更好地欣赏电子竞技赛事和对战。

（四）过分追求风格化、个性化

电子竞技解说是看上去十分光鲜亮丽的工作，这个表面现象对想要入行的青少年具有很大的诱惑力。电子竞技解说员的招聘常常无工作年限、学历等具体要求，他们通过在直播平台上把自己玩游戏的过程直播给观众看，得到了观众的认可与喜爱，这样的形式吸引了不少年轻人的关注。一些电子竞技解说员认为，从事直播和解说的职业能给自己迅速带来物质收入、实现自己的个人理想和满足精神世界，还有一部分解说员认为这样能够逐渐提高自己的社会地位，从而获得成就感。但是，有些电子竞技解说员只是盲目地追求关注度和粉丝的喜好，为了达到目的不惜做相反的人物设定，装疯卖傻，故意丑化形象，甚至用低俗的语言吸引眼球，过度风格化和个性化。

在网络直播和解说行业中，因为监管力度不够引发的不良竞争现象屡见不鲜，尤其是对流动性较大的电子竞技解说行业来说，其监管难度更大。电子竞技解说不可以缺少娱乐的元素，因为观赏过程本来就是一种休闲和消遣。娱乐分为积极的娱乐和消极的娱乐。积极的娱乐是健康向上的，而消极的娱乐往往要通过落井下石的方式呈现，这样不仅使解说效果降低很多，而且刻意为之难免有牵强鄙俗之嫌。

追求风格化、个性化并不是让现在的电子竞技解说员摒弃老一辈解说员广播化的解说方式另辟蹊径，而是在自己的钻研摸索中形成一种特定的、被观众肯定和认可的解说方式。浮夸或不切实际的解说风格，是一名解说员最忌讳的，而脚踏实地、朴实无华、内容为王才是电子竞技解说员应当具备的特色。

二、电子竞技解说员培养机制

电子竞技解说刚刚起步，虽然业界已经做出很多尝试，但是目前关于电子竞技解说的培训和选拔还处于起步阶段。因为电子竞技解说属于体育解说的一个分类，所以我们应当继续参考传统的体育解说培养机制，并与电子竞技的特点相结合，发展出适合电子竞技的解说培养机制。

（一）学校加强解说员综合素质的培养

2016年9月2日，教育部职业教育与成人教育司发布《关于做好2017年高等职业学校拟招生专业申报工作的通知》，公布了2016年13个增补专业，其中包括"电子竞技运动与管理"，属于教育与体育大类下的体育类。2016年12月21日，中国传媒大学南广学院获教育部审批，宣布在2017年开设艺术与科技（电子竞技分析方向）专业，这也是国内首个与电子竞技相关的全日制本科专业。这些都表明了国家教育部门越来越重视电子竞技专业人才的培养，而在电子竞技专业的课程设置中，电子竞技解说是必不可少的。

众所周知，电视节目解说员的综合素质比较高，知识储备丰富，尤其是在体育解说领域，更需要解说员具备广博的知识与宽阔的视野。现代各种体育项目的发达及广大观众欣赏水平的日益提高，对解说员的综合素质提出了更高的要求。而电子竞技比赛解说具有很大的即时性，要求解说员在比赛进程中，根据不同的时机、不同的条件综合运用所了解的知识，这就要求电子竞技解说员从学校起就应该具备良好的综合素质。开设电子竞技相关专业的学校不仅需要设立电子竞技解说、电子竞技游戏解析、电子竞技赛事运营等专业课程，还要增设文学、历史、哲学、社会学乃至教育学、艺术学、美学、经济学、语言学等学科来补充，而不单单是教学生如何风趣幽默地主持体育赛事，如何掌握播音技巧等。

解说就是一个"杂学"，如果电子竞技解说员没有较为开阔的视野、较为渊博的文化常识积累，在解说时很容易出现"卡壳"的现象。因此，学校应强化电子竞技运动与管理专业学生的综合素质，不断完善电子竞技解说水平，为广大观众提供更好的解说服务。

（二）巩固提高体育和电子竞技专业理论知识

业务素质是指个人从事某项工作和开展某项活动的特有能力。对电子竞技解说员来说，业务素质主要指的是体育和电子竞技专业理论知识。我国著名的体育解说员宋世雄曾说过，体育解说虽有很强的专业性，但目前我国多数体育解说员处于什么项目都能播，但什么也不精的状况。电视体育解说员的专业理论知识急需进一步加强提高。把这句话放在电子竞技解说行业中，也同样成立。

尽管电子竞技运动属于体育项目，但是它的内涵和实质不只与体育运动紧密相关。电子竞技运动是众多学科的交叉，在现代信息社会下不断发展的新兴事物总是在不断地碰撞和实践，具备交叉性的特征。电子竞技运动的主要参与人群是青少年，青少年群体的显著特点就是对新鲜事物接受速度快、接受程度高，这也在一定意义上不断创造或促使加快了新鲜事物的产生。

在学校学习的时光是学生们汲取知识的最好时期，因此，学校应加快电子竞技解说员的培养步伐，逐步建立并完善专门的电子竞技解说员的培养制度。目前，我国的电子竞技解说员很多都不是出自体育专业或电子竞技相关专业，大多都是转行做解说工作的，这不仅不利于我国电子竞技解说事业整体水平的提高，而且也无法达到广大电子竞技受众对高水平比赛解说的要求。学校建立并完善专门的电子竞技解说员的培养制度，对于普及和提高我国的电子竞技解说水平是一项势在必行的举措。除此之外，学校还应进一步重视学生的专业知识的掌握情况，积极制定对策，提高未来电子竞技解说员体育和电子竞技专业理论知识，为今后的解说工作打下扎实的理论基础。

（三）电子竞技教育及在职培训

电子竞技教育是电子竞技产业中一个新兴的行业领域。目前，电子竞技产业增速很快，职业化必然离不开人才的支撑。在电子竞技体育化的道路上，裁判员、教练员、解说员等岗位的人才匮乏是制约该进程的一个重要难题，所以培育各方面的人才是电子竞技走近传统体育最基础、最关键的一环，这就要教育引领行业规范。

电子竞技教育应致力于完善电子竞技产业结构，规范电子竞技从业人员行为标准，通过基础理论的学习和结合实践对电子竞技后备人才进行培养和储蓄。除了人才培养，电子竞技教育更关键的还在于整个电子竞技教育学科体系的建设，从全方位的角度打造应用型人才。

虽然电子竞技教育在积极展开，但是尚处于起步阶段。严格来说，与电子竞技解说相关的培养机制，目前只有在职培训是趋于成熟的。

无论是民间解说，还是打算转型解说的职业选手，在成为职业解说员之前，都没有经过专业的电子竞技解说培训。他们往往是依靠前期自我发展，等具备一定知名度和解说经验之后，进入电子竞技赛事公司，通过"以赛代练"的方式逐步成长。

总的来说，在电子竞技解说培养的机制建设上，仍然需要将高校的播音专业和电子竞技行业知识融合，形成专属于电子竞技解说的培养机制，才可以适应社会市场的需求。

### 三、电子竞技解说选拔机制

传统体育解说有两种选拔机制,一种是经过专业院校培养之后,参加全国广播电视播音员主持人资格考试,获得播音员主持人执业资格证书(上岗证)之后参加各地电视台选拔,从而成为解说员;另一种是参加国内的各种体育解说选拔赛事,从中脱颖而出,与电视台签约成为一名解说。但是,当前的电子竞技解说选拔机制相较于传统的体育解说选拔机制很不完善。

#### (一)民间选拔

目前,除了开设电子竞技相关专业的本科院校、高职院校、中职院校,电子竞技解说员没有相对非常专业的院校进行培养,同时也没有类似播音主持资格证的考核。

基于这些原因,与传统的体育解说员相比,成为电子竞技解说员的入门条件就要低很多。首先不需要考取普通话水平测试等级证书,其次也不必要持有播音员主持人执业资格证书,另外在外貌、声音条件等方面也不会有严格的审核过程。对这个行业感兴趣的人只需要提供相关的身份证明与信息,就可以在国内的各大网络直播平台成功注册,正式成为一名网络直播解说员。

瞿巍教授曾在《体育新闻评论纲要》中指出:电子竞技解说员大部分来自草根玩家,自己本身就是某些网络流行游戏的爱好者,所以在解说的过程中有着很强的专业性,同时也会拥有自己独特的解说风格。接下来,更多的是前期的自我磨炼,慢慢地通过直播平台及视频解说积累经验和人气,当经验和人气累积到一定程度之后,进入电子竞技解说行业,开始自己的解说职业生涯。

#### (二)职业选手退役转行

一些电子竞技选手和玩家在电子竞技运动生涯结束和退役后,往往难以适应社会,从而面临生存困难,而转型成为电子竞技解说员,是一个符合实际相对不错的选择。由于其对于游戏理解较为深刻,拥有深厚的圈内资源,以及自身附带大量的粉丝,可以较为顺利地完成这样的转型。

退役职业选手转型成为解说员,一方面是寻求到一种合适的谋生手段,另一方面,也是把电子竞技梦想以不同的方式去延续下去,继续活跃在电子竞技业界。换句话说,选择了退役转做幕后,这其实也是职业选手对梦想的一种执着。

目前,很多选手通过以上两种方式成为了优秀的电子竞技解说员,但是这样的机制并不健康。虽然,有电子竞技赛事公司举办过电子竞技解说选拔比赛,但是由于民间选拔和职业选手退役转行这两种选拔机制成为主流,致使目前的电子竞技解说选拔比赛的影响力非常有限,规范程度没有达到一定的标准,而且由于赛事公司需求较弱,使得该类赛事没有形成常态化的举办。想要通过电子竞技解说比赛脱颖而出,进入电子竞技解说行业的机会还非常小。

竞争是时代发展的要求。许多电子竞技解说员在取得了阶段性的成就以后,因为受到社会上一些偏见的影响,或多或少产生了不思进取的心态,以至于电子竞技行业内的解说水平停滞不前,或者不与时俱进,严重影响了电子竞技解说事业的发展。在电子竞技解说行业内,可参照现有电视体育解说员的竞争选拔机制,在电子竞技解说员中积极地引入竞争与选拔机制,优胜劣汰,激烈竞争的环境不仅有利于强化现有电子竞技解说员的职业道德修养,还可以加速我国电子竞技解说事业的健康、可持续发展。

## 第三节　电子竞技解说的发展前景

随着网络平台的兴起和受众娱乐化的广泛需求，电子竞技受到越来越多年轻人的喜爱和追捧。电子竞技职业选手拥有着大量的人气粉丝，知名电子竞技解说员也受到广大网友们的特别关注。

电子竞技产业正快速发展着，游戏的更新换代也在快速进行。每隔一段时间，都会有新的游戏种类或是新的游戏形式迅速走红，甚至成为现象级的大事件。但是，大众对电子竞技有缺少认知、主流媒体报道缺失、电子竞技与普通玩游戏混为一谈的情况，使得电子竞技无法被大家所一致接受。

尽管如此，电子竞技解说也在摸索中发展了十多年。随着行业的不断规范、主流媒体的关注，商业化、规范化的趋势越发明显，特别是国际奥委会官方宣布，已经认证电子竞技为正式的体育项目。随着该项决定的公布，国际奥委会还将开始着手将电子竞技纳入奥运会比赛项目中。这些消息的公布，说明电子竞技已经有了一定的影响力。电子竞技和电子竞技解说是密不可分的，一荣俱荣的关系决定了电子竞技的蓬勃发展带动了电子竞技解说行业的不断前进。

以电子商务为例，电子竞技解说的主要形式是个人直播，个人直播带来的粉丝效应是产业链扩张的主要支撑，其中电商是最容易实现的渠道，电子竞技解说的主播通过在直播时打出广告，粉丝们受到自己喜欢的主播的影响，就会购买。这预示着电子竞技解说可以带动电子商务的发展，未来可以形成专业的粉丝电商渠道。现在的游戏直播平台，可以根据主播标签进行分类，用户通过游戏直播平台了解主播，产生亲近感，并由主播引导进入电商平台。

想要使电子竞技解说行业一直蓬勃发展，给社会带来良好的效益，潜移默化地影响人们的价值观，从业人员必须要革除其中不好的东西，正所谓"取其精华，去其糟粕"。具体来说，一方面，电子竞技解说行业的从业人员可以尝试改变转播技术落后、单一的现状，为观众观看比赛提供新的方式和更多的附加信息。电子竞技解说员也有必要协助相关部门及时了解目前技术发展水平，更好地制作高清电子竞技解说节目。另一方面，虚心接受观众提出的意见和建议，并且及时纠正错误。

# 第三章
# 电子竞技解说的功能和原则

## 第一节　电子竞技解说的功能

在之前的章节中，我们介绍了电子竞技解说的基本概念，以及电子竞技解说的发展历程，应该对电子竞技解说已经有了一个基本的认识。电子竞技解说在行业内具备哪些功能，在解说过程中需要遵循哪些基本原则？接下来我们就来详细了解一下这方面的内容。

从传播学的角度来分析，电子竞技解说员需要具备相当强的中介效应。在整个电子竞技赛事转播团队中，电子竞技解说员是唯一能够直接与受众进行话语交流的成员。因此他们理应成为受众与电子竞技赛事之间的一座桥梁、一条纽带。

在电子竞技赛事转播的时候，会有专注的收看者与不专注的收看者同时接受转播信息。这个时候，电子竞技解说员就起到了调节电子竞技赛事节目流畅程度与吸引注意力的作用。电子竞技解说员还需要直接描述整个电子竞技赛事的详细情况，使得受众同赛事紧密结合，同时由于大型的电子竞技赛事必然会有赞助商及广告投放，合理巧妙地转接及插入广告，既不影响受众的观赛体验，又可以最大化赞助商的利益追求，也是电子竞技解说一个非常重要的作用。所以说，电子竞技解说具备了复合型的传播学功能。

### 一、弥补画面不足并完善赛事内容

在观看电子竞技赛事的时候，我们会有这样的感受：即使我们比较懂某个项目，但是，有时我们还是看不明白场上的局势及游戏规则。这是因为，转播画面无法将场上的所有内容都及时展示出来。当观众观看到的是游戏画面的时候，战队选手的状态画面就很难全程展示给我们；当我们观看的是赛事现场画面时，那么队员休息室的画面就很难展现给我们。而且作为观众，我们往往只能面对以及专注于一个转播画面。当我们专注于团战画面时，可能边路带线的画面就没有办法观看；当我们专注于数据面板时，我们就可能错过某次击杀的画面。这个时候就需要电子竞技解说员通过他们的专业技巧及现场专业的导播设备，为我们提示以及讲解我们没有看到的画面，弥补因为技术原因以及人类自身条件影响而错失的精彩画面。

同时，作为普通的电子竞技观众，只有极少部分的人对整个电子竞技项目的信息如数家珍，绝大多数的观众只是知道基本规则或者了解自己喜欢的明星和战队的信息。但是对于电子竞技这样一个对数据依赖非常严重的项目，只知道少数信息是很难看懂比赛的，无法看懂比赛就更加难以享受比赛。

MOBA 类游戏的 BP 环节对于观众的知识储备要求非常高。BP 环节的画面表现力相比于实战阶段实属一般，但想要看懂 BP 环节需要观众有较多的游戏经验和数据积累，因此，该环节很难产生代入感，往往有观众主动放弃观看 BP 环节。但是作为 MOBA 类游戏的重要智斗部分，如果缺失了对于这一环节的认知和欣赏，观赛体验将会受到一个非常负面的影响。此时就需要解说员通过自身对于电子竞技赛事及解说项目的全面理解和收集的数据信息，来帮助观众理解比赛过程中的 BP 环节。例如，当出现 A 队选择某个英雄的时候，解说需要通过提供大量的对战双方此前的比赛信息，并且结合当前游戏机制给出一定的阐述和解析。这样观众就可以通过新获得的信息，结合自己的游戏经验对于 BP 环节有一个充分的认识，从而产生很强的代入感。

不只是 BP 环节，在比赛的整体进行过程中，也有很多需要通过画面外的信息来补足比赛内容的情况。例如，对于游戏机制的详解。很多复杂的游戏机制和技巧是只有高端玩家或职业选手才会熟练掌握，普通玩家往往做不到并且也不熟悉甚至完全不知道这些机制和技巧；但是这些游戏机制和技巧在比赛当中不但有着举足轻重的作用，同时也是体现职业玩家高超水平的一种方式，很多的极限操作、精彩画面都源于此。在观众收看比赛的时候，即使观众有意愿想要查询相关资料，也因为观看现场直播而没有时间查询，所以为了让观众有一个良好的收看体验，也需要解说在画面之外通过语音将这些画外信息传达给观众，让观众可以全方位地理解赛事，从而达到欣赏比赛的目的。

因此，弥补画面不足并完善赛事内容是电子竞技解说非常重要的功能。

## 二、整合分析画面信息，明确指示关系

之前我们提到过，电子竞技赛事属于体育赛事的一个分支，电子竞技解说也属于体育解说的一个分支。如果说因为转播技术及人体自身的因素（如视觉广度），导致无论是传统体育赛事还是电子竞技赛事转播的画面呈现的内容不足，则需要解说员利用画外音完善内容。

那么，电子竞技赛事在"整合分析画面信息，明确指示关系"这个方面要比传统体育赛事更加复杂，需求更加强烈。

在观众观看传统体育赛事的时候，因为规则相对简单，单画面呈现的内容不复杂，所以观众可能不明白其中的战术，但不妨碍其欣赏比赛。如跑步比赛，观众可能并不是完全了解比赛规则，但是观众可以直观地看到谁跑得快、谁先撞线；再如篮球比赛，观众可能看不懂战术跑动，不了解教练的暂停选择，但是观众可以看到球的运转、球员的运球是否流畅以及最后投球是否投进等；又如格斗比赛，观众可能看不懂得分规则，但是拳拳到肉的对击过程以及最后的击倒也可以深深地吸引观众。而绝大多数的电子竞技赛事，因为复杂的游戏机制、绚丽的画面效果，使得在单一画面中要呈现非常多的信息，如果没有电子竞技解说员来解析赛事过程，观众将很难清楚地了解画面信息，更无法欣赏赛事。

以当前最热的 MOBA 类游戏为例，一场比赛会登场 10 个英雄，每个英雄至少有 4 个技能，每个英雄又有各自的属性。英雄技能的详细使用方法、不同英雄之间的相互克制、地图的地形、地图野怪的属性等各种信息无比纷繁。这些信息有的是明显可以看到的，有的却是隐藏的。大多数观众可能会知道明显的信息，但是隐藏的信息，大多数观众是不知道的，这时就需要电子竞技解说员平时积累大量的游戏经验及游戏知识，以帮助观众理解比赛。

如在 MOBA 类游戏前期的对线期间，有一定经验的玩家或许可以凭借自己的游戏知识和经验欣赏比赛。但是当游戏进入团战期间，我们之前所介绍的游戏相关信息将会大量地汇聚在一个画面中，绚丽的技能、喧哗的音效一涌而出，这个时候观众依靠自己的能力和经验

几乎不可能全面地、有条理地看清楚画面的全部信息。此时，就需要解说员整合分析画面呈现的信息，为观众整理清楚团战的流程、关键点及一些很难被观众注意到的但是却极其重要的细节。以此来明确指示关系，让观众可以清晰、流畅地欣赏赛事。

### 三、挖掘画面内涵，丰富画面想象力

之前提到的两项功能是电子竞技解说的基本功能。如果仅仅具备这两项功能，不足以诠释电子竞技解说在整个赛事体系中的作用，虽然可以清晰地将比赛叙述清楚，但是往往会因为太过平淡而使观众乏味，甚至会使得观众对赛事产生审美疲劳。此时就需要解说员挖掘画面内涵，丰富画面想象力。

从字面上我们不难理解，挖掘画面内涵就是指要看到隐藏在转播画面之下的、有意思的内容。虽然挖掘画面内涵听起来和弥补画面不足这一功能非常类似，但实际并不相同。挖掘画面内涵，更多的是指通过分析当前的画面，联想出一些与当前的画面有关系同时又极具想象力的事物，从而使得解说员的语言更加生动形象、诙谐幽默，使比赛解说专业又不失趣味，观众也更愿意观看比赛。甚至会因为这一联想使得某场电子竞技赛事成为经典，而不仅仅是将游戏项目原本隐藏的机制做一个简单的呈现和叙述。

电子竞技赛事的很多著名事件，以及电子竞技游戏中很多著名的代号、引用都是电子竞技解说在这一项功能上的集中体现。

例如，在《星际争霸Ⅱ》的解说中非常著名的"星际老男孩"组合，他们经常在比赛中挖掘画面的内涵。他们常使用三国人物、武侠小说人物甚至是一些动漫人物来比喻选手。如将因为个人实力超强的韩国著名《星际争霸Ⅱ》选手 INnovation（卫星）称为吕布，个人实力强劲且加入中国战队为中国出战的韩国选手 Byun 称为武圣关羽，还有很多其他选手也被冠以赵云、张辽等称呼。充满趣味性的代号，不但可以让观众通过这些熟悉的比喻对该名电子竞技选手有一个实力上的基本了解，同时还因为熟悉且喜欢这些历史人物而大大提升对于赛事和选手的关注度和喜爱度。

又如在 DOTA2 震中杯比赛中，在 Newbee 战队对阵 Secret 战队的第二场比赛中，Secret 战队在巨大优势的情况下集齐 5 人逼迫对方高地，但最终导致己方 4 人阵亡。此时，解说员联想到 Secret 战队队员 EE 具有中国血统，同时中文名字叫做毛永仁，和《无间道》里的警察卧底陈永仁名字相仿，于是提到了这个点。而之后，这极富有特色的联想也使得这场比赛成为电子竞技赛事中的著名事件被人们津津乐道。

再如《炉石传说》项目中，曾经的同福战队队员在使用"小鬼爆破"这张卡牌时，因为其卡牌的随机性，往往打出最差效果。而《炉石传说》解说员适时地将这一现象联想总结，形成了"同福爆破"这一风趣幽默的词语。不但让同福战队和其队员被人熟知，还为比赛添加了不少乐趣。

所以对于电子竞技解说来说，挖掘画面内涵，丰富画面想象力这一功能非常重要，可以使得电子竞技赛事更加吸引观众。

### 四、调动观众情绪和想象力

对于现场气氛的恰当烘托及观众情绪和想象力的合理调动也是电子竞技解说必备的功能之一。

由于转播的电子竞技赛事项目各不相同，所以电子竞技解说需要为各类受众提供截然不同的气氛、环境，如卡牌类游戏比赛时的冷静、格斗类游戏比赛时的热血沸腾、FPS类游戏比赛时的紧张刺激等。要实现这些，都需要通过电子竞技解说为受众建构特殊的话语氛围。

即使同一个项目在不同的时刻、不同的背景下，也需要解说恰当地烘托不一样的氛围。以MOBA类游戏为例，在前期的BP阶段，需要的是一种冷静的氛围，让观众可以感觉到BP环节对垒双方的运筹帷幄；当进入团战的时候，两支队伍技能交错、相互拉扯，此时需要解说有足够的激情将氛围烘托得激动热烈。另外，当某位选手失误了，此时解说可以借此营造出一种幽默的氛围，既可以缓解观众观看比赛的疲劳，也可以让选手的失误不会遭受到太多的批评。

当然解说不只是要烘托氛围，为了让观众有美妙的观赛体验，还需要调动观众的想象力。在调动观众想象力之前，解说自己要有足够的想象力和知识储备，这样才可以有足够的词汇来引导和调动观众的想象力。

例如，一名解说员有非常丰富的动漫储备知识，那么他就可以借由游戏项目中的某个精彩点或幽默点来结合动漫，调动观众的想象力，使得观众和赛事的融合度更深，观赛体验更好。如MOBA类游戏比赛中会出现己方关键人物被敌方抓到，而己方队员为了去营救己方关键人物，被对方逐一击杀。这样的情况下，有着丰富动漫经验的解说员就会联想到著名动画片《葫芦兄弟》其中的场景，七个葫芦娃为了拯救爷爷，逐个出生，然后一个一个去挑战蛇精，反而被抓的剧情。于是解说一句巧妙的"葫芦娃救爷爷"就将比赛中出现的这种情况生动形象地概况了出来，不但极其符合当时的赛场状况，同时也使得观众联想到自己儿时的回忆，顿时亲切感倍升。还有诸如电子竞技赛事中"元气弹""太阳拳"等各种动漫及非动漫的名词结合，都可以调动观众的想象力。

### 五、转换连接画面，顺利过渡

以上四项功能是解说服务于观众的基本功能，作为一名解说员只有满足这四项功能才可以称为合格。而在一场大型的电子竞技赛事中，解说员不只是服务于观众，还需要服务于赞助商。因为合格的电子竞技赛事，必然有大量的广告宣传来满足赞助商的利益诉求。而如何巧妙地插入广告、转接广告，使得观众不反感甚至接受广告也是电子竞技解说的一项非常重要的功能。

连接画面的转换不仅仅是在广告的插入中非常重要，在正常的赛事转播流程中也非常重要。如主舞台和副舞台之间的转换、赛场和嘉宾席的转换、赛场和拉拉队及助演明星之间的转换都是要依靠解说通过语言的艺术来起承转合，使得转播画面之间的切换不会显得突兀，从而顺利完成过渡。

### 六、合理抒发情感，阐明道理

电子竞技运动作为一项体育运动，在当今的社会已经被赋予了很多深层次的内涵，同时也夹杂了参与者及观看者的情感。所以，电子竞技解说要明确观众对于电子竞技赛事的情感诉求，在公平、合理的范围内还可以抒发出对于某个电子竞技项目的情感，通过屏幕感染观众，让观众可以有一种身临其境的感觉，觉得自己就在现场和朋友一起观看比赛，而不是独自一人坐在冰冷的屏幕前。

如某位电子竞技知名选手，为了梦想奋斗了很久，当其参加最后一场比赛作为谢幕赛的时候，解说可以通过话语抒发对这位选手为梦想拼搏、坚持不懈的勇气的赞美和感动。同时感染喜欢这位选手的观众甚至是屏幕前的所有观众，让整个赛事在体育精神上得以升华。

### 七、提炼精神内核，宣传推广

电子竞技解说员除了需要具备电子竞技游戏的专业知识外，语言表达、个人形象、渠道推广能力也是影响解说员解说质量和粉丝数量的重要因素。电子竞技的精彩程度与解说员的专业程度成正比。如果没有正确的欣赏指引和职业点评，即使比赛再精彩，电子竞技受众也无法看懂游戏的方方面面。电子竞技解说员连接了电子竞技游戏和受众，是一个值得期待的公众形象，这决定了他们肩负提炼电子竞技精神内核的使命。

一些优秀的解说员还积极参加各类电视节目、出席各类线下活动，用自己的影响推广电子竞技，增加了电子竞技的知名度、美誉度和粉丝的忠诚度，这也展示了电子竞技健康阳光的一面。

## 第二节 电子竞技解说的基本原则

### 一、服务性原则

电子竞技解说，从本质上说，是一种专业性的语音服务。所以服务性原则是电子竞技解说的首要原则。

经济学角度上的服务，是指以等价交换的形式来满足企业、公共团体或者其他社会工作的需要而提供的劳务活动，它通常与有形的产品联系。

社会学意义上的服务，是指为别人、为集体的利益而工作或为某种事业而工作。

在人际关系之中，服务是普遍存在的，人人都要接受服务，同时人也要服务于他人。服务是整个社会不可或缺的人际关系基础。

从营销的角度来分析，电子竞技解说是一种商业的服务行为。虽然观众大多数的时候不会直接为电子竞技赛事的商业版权付费，但是观众会成为电子竞技赛事赞助商及赛事附加产品的消费者。既然观众成为了消费者，那么收看行为就变成了一种有价消费，包括电子竞技解说员在内的一系列赛事转播工作都将变成一种服务行为，解说员要以广大受众的感受和利益为主，让他们感到满意。

同时，我们要深刻地明白，电子竞技赛事的主体是比赛，解说不单单要为观众服务，同时也要为比赛本身服务。那么如何让比赛更加完美地呈现在观众面前，就是电子竞技解说员要考虑的事情。

在大型的电子竞技赛事当中，嘉宾作为赛事的一个重要组成因素，其作用不只是吸引流量，更主要的是通过专业的角度来讲解赛事。涉及高难度的问题可交由嘉宾来做解答，因为嘉宾往往是某一领域和项目的专家，其话语具有一定的说服力和影响力，同时也对自身所说负责。因此，解说在这种场合会起到一个穿针引线的作用。解说要为嘉宾做好充分的话语铺垫，为嘉宾提供即时服务，让嘉宾更好地发挥他们的水平，在这种状态下，解说要主观地将自己放在服务的正确状态里，要与嘉宾共同服务于广大观众。

因此，电子竞技解说的服务性原则应该理解为：第一服务于观众，第二服务于赛事，第三服务于嘉宾，最后彰显个人魅力。

二、新闻性原则

赛事直播，往往就是一种"历史的现场直播"，赛事及围绕赛事的一切信息都是新闻的信息来源，解说必须坚持新闻性原则。

从广义上说，新闻除发表于报刊、广播、互联网、电视上的评论与专文外，还包括消息、通讯、特写、速写（有的将速写纳入特写之列）等；从狭义上说，新闻是用概括的叙述方式，以较简明扼要的文字，迅速及时地报道附近新近发生的、有价值的事实，使一定人群了解。

而电子竞技解说相当于电子竞技方面的即时性新闻。所以电子竞技解说需要遵循新闻的基本原则，我们称之为电子竞技解说的新闻性原则。

新闻性原则又可以细分以下五大原则：真实性原则、客观性原则、公正性原则、全面性原则、快捷性原则。

1. 真实性原则

电子竞技解说是一项即时的新闻报道，其本质是对于赛场上新近变化的信息进行传播。这就决定了新闻报道必须坚持真实性原则。由于电子竞技解说对于赛事的解说非常依赖数据，而这些数据都是公开的，赛场上的任何事情，观众都有一个直观的感受，比分的多少、经济的差距、最终的胜负观众都了如指掌。如果失去了真实的解说，不但会让观众产生厌恶，还会使得媒体失去公信力，同时影响解说及赛事主办方的形象。

2. 客观性原则

作为新闻报道要按照事物的本来面目进行真实的报道，所以要在内容和形式上保证客观性。

对于电子竞技解说来说，要坚持客观性原则，就需要把事实和意见分开。在描述事实的前提下，适当发表看法，要以充分的数据和可靠的消息作为支撑。对于选手、教练、裁判等可以适当评论，但是不能带有个人情绪，需要就事论事。

3. 公正性原则

公正性要求解说员不被个人感情影响，因为公平、公正是任何一个体育赛事的基本要求。如果没有公正性，那么赛事本身已经不足以成立，同时客观性也就无法保证。

在解说过程中，解说应该给予竞赛双方同等的表现机会，给予等价的描述，不能厚此薄彼，明确支持一方打压另一方。

4. 全面性原则

新闻在报道和传播过程中会提供各方面的信息，不片面地报道和隐藏问题，让观众在收看的同时有一个自我的判断。

而在电子竞技解说过程中，解说员理应将自己所了解、收集的有关于赛事的信息全面地提供出来，这样会让观众在收看电子竞技赛事时，有一个全方位的认识。不会因为某些关键信息的缺失使得观众无法看懂当前赛事，或者对比赛双方及队员产生误解。

但是，解说因为其身份的特殊性，可能会获得一些影响比赛进程的信息。这些信息需要解说做好处理，不能因为想要获取关注度等其他原因，将影响赛事公平的信息公开发布。这样违背了公平性原则，不但对于整个赛事会有恶劣影响，也会使解说员的解说生涯就此终结。

### 5. 快捷性原则

电子竞技赛事的转播虽然不像传统体育赛事一样依靠大量的镜头切换来完成。但是电子竞技赛事在同一画面表现的内容和数据量要大于传统体育赛事。比赛的过程和细节稍纵即逝，这就要求解说员口齿伶俐，思维敏捷，语速要比平时更快。但是不能仅仅只追求快速，还需要足够的准确性。如果只快不准，就会违背真实性原则，得不偿失。

## 三、倾向性原则

新闻报道的本质使其对于客观性和公正性的要求非常高，这样或许会淡化倾向性；但是在一些大是大非问题上，倾向性还是会显露。而对于电子竞技解说来说，倾向性是一个无法回避的问题。

首先，电子竞技赛事归根到底是比赛，是比赛就会有竞争。而至关重要的比赛关乎于荣誉，解说员无法无动于衷；其次解说是一种交互，一种人与人之间的互动，解说过程中往往要设置悬念来吸引观众注意，这时就产生了些许的倾向性。其次，当某项电子竞技项目在长时间的演化过程中，形成了一种新文化，这时就会参与进来"主客场优劣论"，那么作为主场解说，就必然有一定的倾向性，但是这个倾向性需要有度，不可过多；最后，虽然我们不提倡倾向性表达过度，但是我们需要知道的是，电子竞技解说作为一项服务，同时兼顾着娱乐性，如果完全"零度倾向性"，这样的解说，看似公正客观，实际上无关痛痒，会让观众失去认同感，享受不到娱乐性，让赛事失去观赏乐趣。

## 四、技术性原则

### 1. 声画同步

声画同步是指将画面和声音同步。只有这样才可以加深观众的印象。在一场电子竞技赛事当中，观众可以感受到的信号包括四个方面：现场画面、图形字幕、现场音效、解说评论。而这四方面的关系综合起来是音和画的关系。所以如何处理音和画的关系，对于电子竞技解说员非常重要。

我们要认识一点，对于一场电子竞技赛事来说，主旋律是赛事，解说是烘托；画面是主体，声音是伴奏。所以声音要紧跟画面，如果声音游离于画面之外，解说便成为了干扰画面的噪音，会让观众不知所云，感到厌烦。解说只有配合画面、协助嘉宾才可以发挥出其串联作用，这样的解说才有意义。

### 2. 特写回放

在镜头语言中，特写镜头便是强调和加重，如场上出现受伤等特殊情况、出现个人的精彩表现等都会给予特殊镜头。所以当特写镜头出现时，采取的两种主要方法是准确描述和留白烘托。

准确描述，顾名思义就是精准地描述特写镜头给出的信息，要细致入微，发现常人看不到的关键点。而留白又可以分为主动留白和被动留白。所谓主动留白是指一些庄严、神圣、独特的场景出现时，现场声音采集到位，与画面水乳交融，此时解说需要做的是"闭嘴"；或者是某些特写镜头可以直接让观众感受到现场氛围时，解说也应该主动留白，如教练布置最后一场战术、看台掀起人浪等。所谓被动留白，指解说对于一些突然出现的特写镜头，不甚了了，以留白不说的方式做应急处理。这样既可以避免因为自己没有做好准备出现口误，甚至有可能无声胜有声。

### 3. 时间提醒

电子竞技项目多以战略、战术游戏为主。在这类游戏中，时间是不可忽视的点。在某些时间点某一方处于强势状态，在某些时间段某个地方会出现什么情况从而影响比赛走向，还有多少时间比赛即将结束等，都是时间在电子竞技项目中重要性的体现。

而在传统的体育项目中，比分、时间的提醒也非常多，以便于新观看赛事的观众可以很快地进入观看状态。所以对于电子竞技解说来说，时间的提醒非常重要。它不但会使得解说的专业水平提高，更会让观众迅速地理解比赛。

### 4. 尊重规则

在传统的体育运动中，裁判象征着自控力，尊重规则和公平合理。如果运动员或教练蔑视裁判，那他们将会受到如停赛、罚款的惩罚。

在电子竞技赛事中，虽然裁判无法决定比赛的胜负判定，对于比赛的走向的影响力也没有传统体育赛事中那么大，但是电子竞技赛事中为了公平公正，防止作弊等行为，依然会有裁判及规则的设置，这是整个赛事及其重要的一部分。如果解说对于裁判的某些行为有质疑，除非有确切的证据，否则不宜随便评判。

## 五、趣味性原则

电子游戏的初衷是为人们制造快乐，而体育赛事在多年的发展中也逐渐明确了其娱乐性。所以电子竞技项目很重要的一个原则就是趣味性原则。对于电子竞技解说来说，谁可以将快乐带给观众，谁就可以受欢迎。

### 1. 巧妙利用赛事的冲突性和戏剧性

体育是对于战争的游戏模拟，而电子竞技赛事对于战争的模拟更加直接。俗话说，文无第一，武无第二。比赛双方必然会分出胜负，而在这一过程中，冲突、英雄等戏剧的要素会一一出现。

古时候，人们传唱英雄的事迹，将他们的事迹写成故事、诗歌。由此可见，故事是人们最早也是最愿意接受的表现手段。而作为一名电子竞技解说，想要让自己解说的比赛有趣味性，就要学会讲故事，以人们更愿意接受的方式为人们提供信息。如在两队比赛之前，解说可以挖掘他们的历史对决事件，渲染双方的故事性；又或者是对于场上的某个选手深度挖掘，以某位选手作为故事的主角展开。

### 2. 保持自己对解说项目的热爱

人是一种情感动物，我们的感情是具有传染性的。一位解说员要想将快乐带给他的观众，首先要做到自己快乐。这种快乐是真情流露，而不是伪装出来的。只有自己真正地热爱这个项目，享受解说时的快乐，才可以把快乐传递给受众。

### 3. 搭配适合自己的搭档

幽默的方式有很多种，但是我们可以了解到，很多幽默来自于冲突和交流，也就是说两个人比一个人更容易传达幽默。此时就需要解说选择适合自己的搭档。

选择出适合自己的搭档可以让解说更加生动形象，解说之间的相互搭配、互相捧逗和戏谑会带来意想不到的效果。

4. 贴合实际

电子竞技解说需要娱乐精神，但是不能口若悬河，解说一定要从听众的听觉感受出发。自顾自的、漫无边际的、无下限的调侃会让解说的内容成为废话，即失去了解说的本质。

在这其中，服务性原则、新闻性原则和倾向性原则是基本原则，而技术性原则和趣味性原则是进阶原则。前者是成为电子竞技解说的基本条件，但要成为一名优秀的电子竞技解说需要完善地掌握以上提到的五项原则。

# 第四章
# 电子竞技解说的角色定位和职业素养

## 第一节　电子竞技解说的角色定位

角色定位是指在一定的系统环境下（包括时间），在一个组合中拥有相对的不可代替性的定位。"角色"不一定是一个人，可以是一个群体。而对于电子竞技解说的角色定位，可以从宏观和微观两个方面进行分析，即整体定位和场上定位。

### 一、整体定位

所谓整体定位是指，将电子竞技解说员转化为一个元素，找到并明确其在电子竞技赛事转播过程中的位置和身份。

电子竞技赛事转播多依赖于网络直播，是现代多媒体传播形式中的一个特殊形式，电子竞技解说员在整个赛事的传播过程中有着不可替代的中介性质。从传播学的角度观察，联系电子竞技解说与体育解说的关系，我们总结出电子竞技解说员在整个电子竞技赛事转播过程中具有多重身份，即"把关人""意见领袖""议程设置者""涵化者"。

#### （一）把关人

在 1947 年，传播学的奠基者之一库尔特·卢因最早提出了"把关人"理论。他认为在群体传播中存在一些把关人，只有符合群体规范和"把关人"价值标准的信息内容才能进入到传播的渠道。到了 1950 年，他的学生华特将"把关人"这一概念引进到了新闻研究领域，明确提出了新闻筛选过程中的"把关"模式。

今天，"把关人"理论成为了传播领域十分重要的基础理论。随着理论的不断发展和完善，大众媒介对于"把关人"理论的重视程度也与日俱增。

而我们在之前的章节了解到，电子竞技解说具备新闻性。

所以我们以新闻的传播选择作为例子，当要播出一则新闻的时候，"把关人"这一理论会逐层使用，直至新闻完全播出。在记者选择新闻题材的时候开始进入第一层把关，之后主管领导审查进入第二层把关，记者进行现场采访实现第三层把关，记者完成采访后进行稿件撰写进入第四层把关，主管领导进行复查成为第五层把关，记者完成定稿是第六层把关，电子编辑对新闻进行声画对位是第七层把关，主管领导对成品带进行三审成为第八层把关，值班编辑对新闻是否播出的判断是第九层把关，新闻播音员根据新闻直播时间决定新闻是否播出成为了第十道把关。由此可见，"把关人"理论在今天的媒体事件中无处不在。

而电子竞技赛事作为一个新时代的特殊产物，其传播形式自然有其独特的地方。

首先，电子竞技赛事的转播多以直播为主，这就造成了电子竞技赛事转播的不可逆性。传媒机构负责人和转播导演既没有办法对于解说员现场的语音进行审查，也无法进行实地的彩排和预演。故此，电子竞技解说员成为了从导播对赛事画面的选择到受众接受过程中几乎唯一的介质。他既是赛事信息的传播者，又是各种相关信息的选择和使用的"把关人"。

其次，由于这样特殊的身份，使得电子竞技解说员的选拔更加注重于经验的丰富性和反应能力的机敏性。这样选拔出来的电子竞技解说员，在面对突发情况时可以及时做出正面的决策和反馈，使受意外影响的损失最小化，甚至将损失转变成为收益。同时，我们将解说员所具备的这种能力称为"正把关效应"。

如著名《CS：GO》解说员瞿泳（QUQU）在一次国际邀请赛的决赛上就展示了解说员的"正把关效应"。当时对阵双方是来自波兰和瑞典的战队，QUQU在主舞台现场解说，台下观众很多，关键局已经开始了，比赛双方已经在交火，但是导播画面还是在选手比赛房间画面上，刚好瑞典队暂时落后，QUQU为了缓解尴尬，就在现场解说中这样说"希望这支来自瑞典的队伍可以再次把比分追平，为大家奉献一场精彩的比赛，让我们大家一起给他们鼓掌加油！"然后全场观众在他的引导下沸腾呐喊鼓掌，不仅使得现场比赛气氛达到了高潮，同时也给导播一个暗示，之后导播及时把画面切回到了游戏。

最后，任何事物都具备两面性，有"正把关效应"的同时就会具备"负把关效应"。"负把关效应"是电子竞技解说员"把关人身份"的反例，不但会放大突发事故带来的负面影响，甚至会因为解说员自身的问题为赛事转播带来不必要的负面影响，严重的情况下会使得电子竞技解说员自己的职业生涯终结。

例如，在2015年《英雄联盟》S5小组赛IG的生死之战上，皇族曾经的队长王柏勤（Tabe）作为嘉宾分析师被邀请到了北美的比赛分析台上。Tabe作为当时第一位参与赛前分析直播的中国解说员，这本来是一件值得骄傲的事情，可是Tabe因为紧张、激动等原因，在比赛分析台前，将本来不应该公布于众的信息——IG此次比赛准备的战术套路通过转播呈现在了全世界玩家面前，并且在其他解说员提醒之后还要继续述说。这是一名专业的解说员不应该犯的低级错误。这一事件也成为了《英雄联盟》比赛史上著名的"泄密事件"。而这一事件不但使得Tabe深陷舆论之中，背负巨大的压力，也导致他璀璨的解说生涯就此急转直下，几乎终结。这一例子就是我们之前提到的"负把关效应"。

因此，电子竞技解说员在"把关"实践的时候，需要从大局出发，谨慎严格地控制关口的信息流动，控制好自己的情绪，不能因为过度的情绪波动让自己失去判断力做出错误的选择，更加不能以小团体和个人利益为出发点，将受众的知情权和媒介的公信力置于脑后。

（二）意见领袖

传播学的奠基人之一——保罗·拉扎斯菲尔德在1944年发表的调查报告《人民的选择》中认为，观念常常是从广播与报刊流向意见领袖，然后由意见领袖流向人群中不太活跃的部分。这里的意见领袖，是指群众中具有一定权威性与代表性的人物，他们首先接触大众传播媒介，再将从媒介上获得的信息加上自己的见解，传播给他们周围的人，从而对周围的人施加影响。

虽然按照传统的两级传播中"意见领袖"的定义，电子竞技解说员因为处于大众传播媒介中，不属于这一范畴。但是如果将赛事传播细分，将原本的两级传播细化为三级甚至四级传播，那么电子竞技解说员就处在了传播的初级阶段。电子竞技解说员往往拥有很多观众无法获得的信息渠道，这是因为他们当中有很多电子竞技解说员是职业选手退役转型，他们在受众中具备天然的信息、资料优势和比赛经验等，从而形成了自身独特的权威性。那么电子竞技解说员就可以将赛事信息通过赛事转播媒介传递给经常接触电子竞技赛事转播并且能够对下游受众施加影响的受众，这就是在细分之后的第二级传播。随后通过传统意义上的"意见领袖"逐级传递到偶尔接触赛事转播但是统一能对非电子竞技受众施加影响的受众，形成第三级传播。在此细化的过程中，电子竞技解说员除了在传播渠道上与传统意义上的"意见领袖"有所不同以外，其传播者身份和传播效果并没有本质区别。

电子竞技解说员借由自身独特的权威性及传播性，在认知、态度和行为层面上都影响着广大电子竞技受众。

首先，在认知层面上，电子竞技解说员对于赛事的叙述和描述是受众对于电子竞技赛事了解的重要渠道。通过解说员对于赛事进程的描绘、比赛规则的介绍，以及对于选手、教练、裁判等身份的反复强化，使受众对于相关信息的认知更加明晰。

其次，在态度层面上，电子竞技解说员在评论部分可能会流露出对赛事相关信息的个人好恶，这些评论有时可能会延伸到人生观和世界观的范畴。如对于"唯冠军论"的吹捧、对于"选手职业态度低劣"的洗白、对于"体育精神的赞扬"等都会影响受众的判断，尤其是对电子竞技赛事的主要受众——青少年产生或正面或负面的影响。

最后，在行为层面上，电子竞技解说员的话语对于受众也有着一定的影响力。例如，英雄联盟解说员在解说《英雄联盟》赛事的时候，对于"放逐之刃"这位英雄的小技巧"光速QA"给出了练习方法，那么之后就会有一批这个英雄的爱好者按照解说给出的方法练习；又比如当炉石传说解说员在解说《炉石传说》赛事的时候，对于某套卡组的构建提出了思路，那么就会有一批想要尝试该卡组的爱好者按照解说给出的思路构筑卡组并加以改进。同时电子竞技解说员对于受众也有着很强的消费引导能力，当《星际争霸Ⅱ》解说组合"星际老男孩"在解说的时候对于某款鼠标及键盘大力赞扬，那么喜欢该解说组合的星际争霸爱好者就会对于这款鼠标及键盘加以关注，甚至直接购买。

由此我们可以看到，电子竞技解说员在赛事传播过程中具备"意见领袖"的角色定位，同时，当解说员具备较多粉丝的时候其自身也会成为公众人物，这两个特色使电子竞技解说员对于受众的影响力颇深。因此电子竞技解说员应当更加注重话语选择和表达方式，重视解说的准确性。因为任何一个细小的失误或者表达的不完整都会使受众对于赛事及赛事相关人员产生误读和偏读，从而延伸到对态度和行为层面上的影响。

（三）议程设置者

美国传播学者麦库姆斯和肖通过对于大众传媒对某些命题的着重强调和这些命题在受众中受重视的程度构成的正比关系发现了"议程设置"功能。电子竞技解说员在某种程度上正扮演着"议程设置者"的角色。

对于体育赛事转播来说，最简单有效的提高传播效果的方式就是在转播中树立英雄形象。这一方法对于电子竞技赛事转播一样是最简单、最有效的方法之一。在和平时期，体育明星是最有机会成为社会公众崇拜的英雄人群之一。而在信息技术高度发展的今天，电子竞技明星也有机会成为社会公众认可的英雄人物，而英雄形象的树立，在抛开选手自身硬实力的前提下，电子竞技解说员在树立"英雄"形象的过程中起着不可替代的催化及包装作用。如参加第六届DOTA2国际邀请赛的Wings战队，捍卫了中国DOTA2荣耀，得到了社会各界的一致好评。解说员在解说的过程中，反复强调Wings战队打法灵活多变，团战处理细腻，保住了中国的冠军位置，从而将Wings的英雄形象牢牢地固定在了人们的心中。

### （四）涵化者

美国传播学者乔治·格伯纳等人提出了"涵化"理论。他们认为，在现代社会，由于传播媒介的某些倾向性，人们在心目中描绘的主观与客观现实之间发生了很大的偏离。同时，这种影响是一个长期的、潜移默化的"涵化"过程，它在不知不觉当中制约着人们的现实观。

"涵化"是一个漫长的过程。而在此之前我们讲到电子竞技解说的基本原则的时候，明确了电子竞技解说的公正性原则和倾向性原则。要说明的是，在一个长的时间维度之下，电子竞技解说员想要做到如同机器一般的公正，并且不附带一点倾向性是不可能的。而这种倾向性会随着时间的积累，潜移默化地影响到受众，使受众逐渐出现明显的情感倾向。例如，韩国电子竞技的发展处于世界前列，其电子竞技的选手实力雄厚，在很多项目上有明显的优势。如果某些电子竞技解说长期对于韩国电子竞技存在倾向性，将自己国家的电子竞技选手，因为懒惰、懈怠、缺乏职业精神而无法击败韩国的情况，归咎于韩国电子竞技选手在该项目上过于强大。长久影响之下，就会让受众形成一种观念，即"韩国电子竞技选手在某个项目之上无人能敌"，这样的错误观念会使得整个项目形成恶性循环，最终走向衰败。

又如，电子竞技解说员对于某位选手持有某种看法。在解说过程中，解说员长期地提及他对某位选手的看法时，这一观念也会成为涵化的对象，从而影响到观众的认知，如产生出"刷子""莽夫"等观点。这些观点会因为长久的涵化效果而伴随并影响选手的整个职业生涯。

同时由于人类有着国家与国家之间的概念，当有具备中国血统的选手参加比赛，甚至是我国的职业选手加入到异国的战队参加比赛时。我们的解说员往往会带有国家情结和民族情结，并将这种情结带入到对于比赛的认知当中，长久的涵化效果之下，会使得受众对于解说的倾向性习惯成为自然，从而对于拥有我国选手的异国队伍或者拥有中国血统的选手的异国队伍形成天然的好感。

综上所述，在传播效果方面，体育解说员具备"把关人""意见领袖""议程设置者""涵化者"多个定位。复杂的定位使得电子竞技解说员在整个赛事体系中有很高的地位和价值，但是也背负了很大的压力，解说时的一言一行都会对于整个赛事的相关人员（包括自己）造成影响。因此，电子竞技解说也可以算是一种高压力、高风险的职业。

### 二、场上定位

在熟悉了电子竞技解说的宏观定位后，我们从更加贴近的角度来分析一下电子竞技解说员的微观定位，即场上定位。

所谓场上定位，是指电子竞技解说员在一场电子竞技赛事中的定位，也是其在电子竞技解说台上的分工定位。

当前的电子竞技解说已经从最早的单人解说即一个人负责全部工作，开始向多人解说即合作分工和各司其职转变。所以按照当前的电子竞技解说的职能要求，将解说员的定位划分为三类：控场者、描述者、分析者。

（一）控场者

所谓控场者，即电子竞技解说中负责把控节奏的解说员。控场者不单单是要把控自己的节奏，同时当搭档的节奏不好的时候要带动搭档，在搭档出现失误之前及时提醒，在搭档出现失误之后及时弥补，当整个转播出现问题的时候也需要控场者及时做出反应，防止恶劣情况继续发展。可以说控场者在整个赛事的解说过程中最能起到穿针引线、力挽狂澜的作用。

一场电子竞技赛事解说的开局往往是由控场者引领的。

首先，对于赛事举办的基本情况的播报是由控场者进行的，如该次比赛的主办方、赞助商、承办方、举办地等情况的介绍。这些信息播报完毕之后，也就表示着本场比赛即将开始。此时，涉及本场比赛的具体战队的基本情况也通常是由控场者进行播报，这就需要控场者在比赛之前做比较多的资料准备。而后，比赛进入准备阶段的时候，则需要控场者根据之前准备的资料向搭档提出问题，做暖场的准备：一方面为后续的解说进程提供切入点，另一方面可以让搭档之间彼此相互熟悉。

在比赛正式开始之后，控场者依然要根据自己准备的赛事资料以及现场的赛事情况通过各种不同类型的提问来把控解说台的整体节奏。例如在 BP 环节中，往往由控场者结合之前比赛中英雄的 BP 数据向搭档提出为什么选择某位英雄，而搭档会根据控场者提出的问题，进行展开。这样一问一答的形式会使得解说更加生动，更加贴近观众。

当比赛中途出现暂停的时候也经常是由控场者来活跃气氛，提出某些和赛事无关但又不完全脱离于比赛的问题。例如，当出现网络波动导致比赛暂停的时候，控场者可以直接向搭档提出一些和选手以及游戏相关的幽默话题，这样不会伤害选手的同时又为比赛的暂停拖延了时间。由此可见，提问对于控场者来说是一个掌控节奏的重要手段。一次精彩的、恰到好处的提问，不但可以显示出自身对于话题抓取的敏感度以及对于赛场关键点的洞悉，展示其专业性；同时可以让搭档利用这一提问展开精彩的分析和论述。

当然，控场者不只是依靠单纯的提问来把控节奏。如果一名控场者只会提问，那么即使他的问题特别到位、非常巧妙，也会显得这名控场者是一名对于游戏极其不了解的"无知者"。所以控场者还需要通过恰当的总结和强调来丰满解说过程。

总结是指在搭档对于控场者提出的问题给予了充分的解析之后，控场者根据搭档的分析浓缩、精炼其中的内容，整理出关键点通俗易懂地向受众二次传达。在总结的过程中，如果控场者可以结合自身准备的数据资料来进行总结，那么会使得控场者的总结更加专业、更加饱满。如果搭档对于控场者提出的问题没有做到充分的解析，那么控场者可以通过再次提问加深讨论解析深度，也可以结合数据和自己的专业知识在总结的过程中进行补充。当然总结不仅限于提问的反馈，对于团战的解说、局势的分析等方方面面都可以进行适当的总结。

强调是指对于搭档的回答以及搭档的解说过程中话语的关键点给予认同并且通过语言表达出来，而且可以在强调的同时表达自己的观点。例如，某波团战搭档的解说非常到位，对于团战关键人物、关键技能、关键道具的抓取非常到位并且给出了合理的解释。那么控场者，在搭档解说完团战的休息时间可以对于上面的关键信息给予强调并且进行二次表达，这样可以加深观众对于这波团战的印象。但是需要注意，作为控场者强调的次数不宜过多，如果过多，就会引起受众的疲劳，从而导致受众的反感。

综上所述，控场者主要是通过提问、强调、总结，以及大量的数据信息来完成对于解说过程的节奏把控，同时带动观众气氛和搭档状态。由此可见，控场者对于一场电子竞技赛事解说来说是必不可少的。所以对于控场者的经验和临场反应能力要求往往是非常高的。

（二）描述者

所谓描述者，即电子竞技解说中负责画面描述的解说员。描述者不单单是简单地将画面平铺直叙出来，还需要有清晰的逻辑，即在画面描述的过程中抓取关键点，将复杂的画面描述得井井有条、有理有据；同时描述者需要调动自己的感情，感染观众，并且需要描述者有丰富的知识储备和词汇量使得其解说过程丰富多彩、幽默风趣、引人入胜。

因此，我们可以看出描述者在电子竞技解说过程中，是承担主要任务的。大量的画面描述由描述者完成，同时描述者也会承担一定的分析职能。

在控场者做完赛事的开场并通过提问将话语权转交给描述者之后，此时描述者的工作就开始了。描述者需要根据场上的赛事进程以及 OB（观察者）视角给出的画面来进行比赛实况的讲解。对于画面不复杂的电子竞技项目或者某些电子竞技项目处于画面不复杂的阶段时，描述者可以利用这一时间段进行基本概念的普及，来帮助受众了解赛事。这就需要描述者具有扎实的电子竞技专业知识，对于其解说的项目的游戏机制烂熟于心。例如 DOTA2 著名解说"史丹尼"在其解说的巅峰时期，可以将《DOTA2》项目的所有英雄技能的中文全称以及技能说明准确说出。

当进入到某电子竞技项目的重要阶段或者说是团战项目时期。描述者的主要职责是将这一阶段解说得精彩并且清晰。想要做到这一点就需要描述者口齿流利，不能在解说过程中出现卡顿甚至是多次口误；并且需要很强的口眼协调能力和反应能力，将团战呈现的画面迅速通过大脑组织语言再表达出来。

仅仅做到这些的话只是一个合格的描述者，一位优秀的描述者还需要在描述的过程中迅速理清解说画面当中的逻辑性和关键点。如某场团战的关键人物在什么位置，此时具备什么样的技能和装备，故此，对描述者的游戏水平要求也非常高。

描述者是一场电子竞技赛事解说的主体，那么很大程度上吸引受众的不仅仅是比赛本身，也会是描述者。一位优秀的描述者还应在解说过程中充分调动自身情绪，使自己处于一个最合适的情感状态。解说激烈的游戏项目时需要处于亢奋的状态，解说冷静的游戏项目则需要处于较为冷静的状态。如解说激烈的 MOBA 类游戏团战时，需要描述者富有激情。

综上所述，我们可以看到在电子竞技解说定位中，描述者占据了主导地位，一场电子竞技解说有 60% 以上的时间是由描述者负责。他对于赛事的精彩程度有着很强的影响。一场比赛是否精彩，既取决于赛事本身，也取决于描述者的水平。而一位描述者想要具备较高的解说水平，就需要在知识储备、游戏技能、播音技巧等方面不断地提升自己。

（三）分析者

所谓分析者，即电子竞技解说中负责分析评论的解说员。分析者在整场电子竞技解说中占据的时间比描述者低、比控场者略多，有时也会与控场者持平。分析者存在的意义是为了满足受众更深层次的观赛要求，给予受众更好的观赛体验。

虽然描述者在解说赛事画面的时候或多或少会加入其对于赛事项目的分析和预判，但是描述者更多的精力还是放在赛事画面的解说上，那么对于整个比赛的趋势走向、关键点分析、比赛过程中场内场外等因素对于比赛的影响则没有精力估计。但是当受众从电子竞技初级爱好者向资深电子竞技迷转变的过程中，自然会对这方面形成需求。此时就需要一个具有高度游戏竞技水平的人员为广大电子竞技迷提供观赛服务，所以分析者大多由退役或者在役的职业选手或者教练担任。

我们了解到分析者更多的是为较为高端的电子竞技迷服务的，那么就要求分析者对于其解说的电子竞技项目具有非常高的认知，这样才可从更加全面、更加专业的角度为受众解答比赛中的疑惑。以 MOBA 类游戏的 BP 环节为例，这一环节往往是分析者的舞台。对于比赛双方队伍选人的预读以及选人之后的分析解释都是由分析者主导完成的，而分析者的水平展示也较多地集中在这一环节。同时我们还要注意，即使是非常专业的分析者，要想做到分析有理有据且让人信服，也需要数据资料的支持。所以分析者在解说的过程中对于数据资料也是有一定要求的。控场者的数据大多集中在前期数据，而分析者准备的数据大多集中在本场比赛之中。

在此之后，比赛进入到对战流程。此时分析者往往是集中精力密切关注场上局势的变化，找寻关键点、精彩点；结合丰富的比赛经验进行局势梳理与整合；在控场者的引导和描述者的配合下对双方精彩团战的站位、战术选择、阵形拉扯等在团战结束之后进行解读，对选手每一个有特定意义的举动甚至是选手特有的技巧等进行解答，并对局势的走向进行一定的预判。

当比赛接近尾声或双方胜负已分时，对整场比赛的走向进行综合分析，告知受众哪些关键时刻、关键人物、关键失误等关键点对整个比赛的走向造成了哪些影响；对于尚存疑惑的受众，能使其明白原因，对于有自身理解的受众，使其感同身受。

综上所述，我们可以看到在电子竞技解说流程中，分析者虽然没有控场者和描述者的地位重要，但是其对于赛事的解说品质有着举足轻重的作用。如果没有一个好的分析者存在于一个赛事，那么，整个赛事解说即使控场者和描述者表现得很完美，也会显得深度不足。

通过电子竞技解说的场上定位我们可以得出，电子竞技解说在场上大致可以分为三个角色定位，即控场者、描述者和分析者。前两者出现的较早对于赛事来说也较为重要，而分析者出现的较晚，是因为其职能最早是由控场者和描述者代替。随着电子竞技解说流程的逐渐完善，分析者这一概念逐渐被单独提出，并且得到了广大受众的认可。值得注意的是，虽然身份定位有三者，但是实际解说台上会因为特殊情况出现一人身兼多个角色定位或者多人承担一个角色的情况。

## 第二节　电子竞技解说员的职业素质

由前面的内容，我们大致了解了电子竞技解说在电子竞技赛事中所承担的功能以及电子竞技解说员在宏观和微观上的定位。那么，电子竞技解说员又需要具备哪些基本的职业素质？接下来，将从以下九个方面逐一介绍。

### 一、扎实的语言组织和写作能力

#### （一）灵活的表达能力

电子竞技解说是体育解说的一种，是对电子竞技比赛现场或对局实况进行报道的一种播音创作活动，它要求解说员情绪活跃，反应敏捷，语言组织迅速，叙述能力优秀。电子竞技解说是一门语言的艺术，考验解说员的口头表达能力，对各种理论和知识的理解最终都要靠语言来完成，因此，深厚的语言组织和叙述功底是解说成功的保障。与报道新闻不同，解说过程中需要解说员进行细节描述和深度解读，可以采用介绍、评述语言表达样式，是一个长时间的新闻现场报道。

一个电子竞技解说员必须具有像主持人一样深厚的语言组织能力和表达功底。要将获得的大量信息用简单直接的方式传播给受众，就应该将其转化成受众易懂的形象的语言，即实现"口语化"的语用转型，而且还需要美化语言氛围，才能为现场直播提供好的语言描述。如果达不到解说所要求的语言表达的流畅性和准确性，则会扰乱观众的注意力，使观众游离在画面和叙述之中，无法享受和理解紧张刺激的比赛进程。

福克斯体育电视台为美国职业足球大联盟进行解说的约翰·斯特朗曾在采访中表示，在体育解说员的职业素养中，最重要的是叙述故事的能力，尤其是在故事情节复杂、观众对背景了解甚少，或者打开电视和广播的时候正心烦意乱，亦或时间很紧张的情况下，这种能力越发难能可贵。当故事叙述结束，观众是否能听懂，是否从中有所启发，有所感悟，这些都是衡量体育解说员水平的重要标准。

提高解说员的语言组织和叙述能力，是要经过专业训练才能达成的。其核心是学会使用既不同于日常口头语言又不同于书面语言的谈话语言。掌握优美、严密、形象、通俗的谈话体语言，是口才出众的基础。这种形式的语言既吸收了书面语言的优点——讲究语法修辞、逻辑性强、准确鲜明，又涵盖了日常生活口语的长处——自然朴实、通俗生动。

电子竞技比赛从某种角度来说属于休闲娱乐范畴，比赛中也可能发生很多戏剧性的精彩瞬间，如果解说员能够在解说中适时采用幽默风趣的语言，既能与场面相映成趣，又可以带给观众轻松和愉悦。

### （二）扎实的写作功底

较强的口语表达能力需要一定的写作能力做支撑，写作可以锻炼人对客观事物的反应能力和速度，提高人的独立思考能力和逻辑思维能力。因为文章是客观事物的反映，作者根据客观事物写成文章，需要多方面的能力。例如，在认识和摄取客观事物时，作者需要有观察能力、发现能力、采集能力；在构思过程中，需要有综合能力、分析能力、筛选加工能力、想象能力和创造能力；在表达时需要有逻辑能力、语言运用能力和修改能力。

写作这一完整的过程，需要多种能力和技巧综合运用。在运用各种能力和技巧的过程中，思维贯穿始终。写作对于主持人、播音员来说是一项基本功，也是提高他们综合能力的重要途径。节目主持人之所以能在主持过程中胸有成竹、淋漓尽致地临场发挥，往往都是他们自己撰稿或参与撰稿的结果。因为写作的过程实际上也是独立思考的过程，主持人参与撰稿，可以更准确地掌握节目内容、背景资料，有助于语言表达和现场发挥。

以电视解说词为例，电视写作不同于文学写作，文学写作是给读者阅读的，而电视写作既要考虑到给观众看（画面），又要考虑到给观众听。所以，电视写作有自身的特点，需要有以下技巧，技巧也是能力的体现。

#### 1. 力求语言形象

声画对位是第一要求，同时力求形象化的语言解说词写作如果能既具体又形象，才能营造一种如临其境、如见其人、如闻其声的效果，弥补电视、网络转播一瞬即逝的不利因素，让观众获得更多更深的视听感受。

## 2. 少书面语，多用口头语；少用长句、多用短句

解说需要给观众留出看画面的时间，这就要求写作必须少而精，紧扣画面，为画面服务。可以尽量使用通俗的语言和浅显的文字，把书面语改成口头语，多用短句；要求字音响亮和谐，使之读起来上口，听起来入耳；注意要口语化，要求文字朗朗上口，收听时悦耳，还要朴实自然。一般观众用耳朵接受信息时，往往不会太全神贯注，这时如果拐弯抹角，玩文字游戏，观众就会不明所以。

## 3. 强调画面细节

细节呈现最有效的方式是用画面来表现。解说词也可以点化细节，解释说明与细节相关的内容。

## 二、专业的普通话及播音技能

我国著名主持人敬一丹认为：主持人应普通话纯正，声音悦耳，表达朗诵生动。如今，体育解说的风格呈现多样化，包含比较多的说话方式，但唯一没有改变的就是对普通话语音的要求。某些体育节目主持人和直播平台主播嗲声嗲气、装腔卖萌等华而不实的解说，有损体育精神内涵。

作为大众传媒的组成部分，无论是电视解说员还是网络解说员，都承担着在全社会范围内推广普通话的社会责任，所以必须有标准的普通话语音和规范的普通话用语。体育解说员的工作主要依靠语言来进行，电子竞技解说员也不例外，因此必须经过系统的播音训练，熟练掌握运用语言方面的技巧，具备较强的语言表现力，做到普通话标准、口齿清晰、声音圆润、刚柔相济。

### （一）准确规范

播音吐字应准确规范，这是首要的，也是最基本的要求。这是因为我国的语言传播工作同时还承担着向全民推广普通话的重要责任。要做到准确规范，就要按照普通话的标准发音，每个音的发音部位、发音方法都要准确无误。在这个基础上，还要努力提高发音质量，改正那些一般人不易察觉的细小的发音问题，取得比人们日常口语更好的效果。可以说，播音吐字所要求的准确规范比一般人所理解的要更为严格和精细。

### （二）清晰集中

字音清晰是播音吐字的又一明显特点。清晰的播音吐字具有良好的穿透力。吐字清晰以发音准确为基础，但准确并不能代替清晰。清晰的吐字建立在一系列行之有效的发音技巧之上，而不是提高音调或加大音量所能奏效的。发音集中可提高字音的清晰度——这也是积极的发声状态的反映。同时，声音集中还便于话筒吸收，提高发声效率。在使用小音量或播讲环境较为开阔、嘈杂的情况下，发音集中的重要性显得更为突出。

### （三）圆润饱满

吐字既要准确清晰，又要圆润饱满，前者关系到"字正"，后者关系到"腔圆"。圆润饱满，就是要有比较丰富的泛音共鸣，使字音悦耳动听。这是对吐字的审美要求。我国传统说唱中的所谓"吐字如珠"，就是对吐字圆润饱满的形象描绘。当然，"腔圆"也好，"珠圆玉润"也好，都是形容字音的优美动听，但必须注意的是，圆润是以字音准确清晰为前提的，不可为追求声音优美而损害了字音，不能因为追求"形"而丢了"神"。

（四）流畅自如

字音只有进入语流才能传情达意。播音吐字必须灵活自如，轻快流畅，才有助于表达。如果字音咬得过死，一字一板，不仅雕琢痕迹明显，听起来不自然；而且还会使语流滞涩，影响语言表达的顺畅。日常生活当中的说话有起伏变化，播音吐字也要遵循生活语言的规律：疏密相间、错落有致；该强则强，当弱则弱。

### 三、了解电子竞技赛事节目制作的基本过程和操作程序

如今，电视节目主持人一般都会参与到节目制作的全过程，这就要求主持人对节目各个环节更加熟悉、对节目意图更加了解。主持人在节目创作的过程中还要与编导随时交换意见，这就要求主持人要有一定的编导思想，这也是一种文化知识储备的表现。

此外，越来越多的播音主持人的定位不再是单一的业务型，而是集采、编、播于一体的综合型、复合型人才。从央视新闻频道、凤凰卫视的多次大型直播报道中我们可以看到，越来越多的播音主持人具备了这样的特点：他们是演播室里的主持人，是一线采访报道的记者，还是幕后的剪辑师。

与主持人一样，电子竞技解说员是解说节目的核心人员，那么，电子竞技解说员该如何参与节目的制作呢？

首先，电子竞技解说员必须完全理解节目的内容。理解是为表达服务的，而表达也依赖于理解。没有高度的语言艺术，就表达不了高深思想。

其次，想要把控好解说的现场和进程，还要参与到节目的前期准备中去。如果电子竞技解说员同时担任自己解说栏目的策划人和制片人，那么就和直播"荣辱与共"了。一方面，他们要参与策划，参与整理资料、挑选搭档；另一方面需要理清前期策划需注意的问题。

再次，电子竞技解说员要参与后期制作，这并不代表一定要亲手编辑，而是要对节目成品心中有数，例如，突出哪些重点、剪掉哪些镜头、适合什么样的音乐、增配什么样的字幕、形成什么样的风格。

最后，电子竞技解说员可以借鉴以往成功节目的经验，先调查后运营，先定位后上线，以优质的节目吸引观众，以良好的声誉扩大影响。电子竞技节目的未来发展不仅要关注媒介和节目本身，而且要关注电子竞技的发展，两者是相辅相成、缺一不可的，开发出如"赛事+线下+节目制作"等的新模式。

### 四、在创作实践中积累融会广泛的知识

以电子竞技解说员为例，可以学习和积累传统体育、新闻报道、节目制作、播音主持等知识，也可以观看各种体育项目的比赛、大型文娱节目、纪录片等。

渊博的知识也是电子竞技解说员等从事语言工作的人应有的修养。他们应该是博学多才的有识之士，这样才能面对观众侃侃而谈。渊博的知识来自工作中的积累，也来自平时勤奋的学习收集。

### 五、提高应变能力和创新能力

随着移动互联网技术的纵深发展，各行各业出现一个又一个风口。在媒介融合时代下，报纸、广播、电视等传统媒体也纷纷开始寻找更好的发展道路，传媒行业出现了网络直播模

式。这是一种新兴的传播方式，网络直播平台也成为了一种崭新的社交媒体，主要分为实时直播游戏、体育比赛、文艺活动、政务公开会议、影视节目等，可以更好地吸引大众的目光，拉近与受众的心理距离。这种模式尤其给传媒行业和体育行业的发展提供了动力，在一定程度上推动了它们的蓬勃发展。

尽管网络直播目前非常流行，但这种模式也只是传媒行业为了更好地适应社会而做出的一种适应性策略，所以会产生很多问题。它的变革是持续的延续式创新和间断的破坏式创新的结合，并不是克里斯坦森所谓的"颠覆式创新"（颠覆式创新是指在传统创新、破坏式创新和微创新的基础之上，由量变导致质变，从逐渐改变到最终实现颠覆，通过创新，实现从原有的模式，完全蜕变为一种全新的模式和全新的价值链）。

应对这些问题，需要具备以下几个能力。

（一）应变能力

作为电子竞技解说员，在解说电子竞技赛事的过程中或从事该职业的生涯中，会遇到各种问题。从事电子竞技相关行业的人，每天要面对比过去成倍增长的信息量，如何迅速地整理、分析这些信息，是把握电子竞技解说的脉搏、跟上电子竞技解说时代潮流的关键。假如电子竞技解说员在解说中遇到紧急情况迟疑不决、优柔寡断，不仅影响解说的正确性和进程，还会影响观众的判断。应变能力可以通过实践逐步提高，主要从以下几点入手。

1. 参加富有挑战性的活动

在实践活动中，我们必然会遇到各种各样的问题和实际的困难，努力解决问题和克服困难的过程，就是增强应变能力的过程。同时，这也有利于勇气的培养。人们对自己曾经的勇敢表现进行再次体验，以及在感到压力与恐惧时仍然鼓励自己积极行动，将有助于提高自己在"变数"面前的勇气。

2. 扩大个人的交往范围

无论家庭、学校还是其他性质的团体，都是社会的缩影，在这些相对较小的范围内，我们可能会遇到各种需要应变能力才能解决的问题。只有提高自己在较小范围内的应变能力，才能推而广之，应付更为复杂的社会问题。实际上，扩大自己的交往范围，也是一个不断实践的过程。

3. 考虑问题做到周全

如果能同时将事情的各方面考虑得周全，人们就越是能熟练地完成某项任务，即便突然出现变数，在前期拟定多项候补方案后，就可以临场应变，成功救场。也就是说，头脑中储备的方案越多，在特定情境中，能快速提取的关联项就越多。

4. 遇事沉着冷静

应变能力高的人往往能够在复杂的环境中沉着应战，而不是紧张和莽撞从事。在工作、学习和日常生活中，遇事沉着冷静，学会自我检查，自我监督、自我鼓励，有助于培养良好的应变能力。

5. 改变不良的习惯和惰性

假如遇事总是迟疑不决、优柔寡断，就要主动地反思和锻炼自己分析问题的能力，力求迅速做出决定，无论决定正确与否，也都要保持良好的心态；假如总是因循守旧、半途而废，那就要从小事做起，努力坚持，不达目标不罢休。只要下决心锻炼，人的应变能力是会不断增强的，解决突发问题时就可以游刃有余。

## （二）创新能力

罗斯福说过："永远保持对新鲜事物的敏感，随时准备接受新鲜事物……人们必须有勇气与能力去面对新的事实，解决新的问题。"

电子竞技解说是一个灵活性很强的职业，如果一名解说员不能紧跟时代的步伐，很可能会被时代抛弃，这就要求电子竞技解说员拥有良好的创新能力，树立良好的学风，掌握科学的学习方法，对电子竞技相关行业中出现的新事物具有敏锐的嗅觉，善于发现并参与其中，总结现状，提出新的思路，解决新的问题，结合实际创造性地开展电子竞技解说工作。

## 六、把握解说的艺术节奏和风格

### （一）把握解说的艺术节奏

朱光潜先生曾说过："节奏是一切艺术的灵魂。"既然体育比赛也蕴含着艺术，那么体育解说在渲染、旁述和评论过程中就要遵循它的内在节奏。对于体育解说来说，节奏就是充分掌握和利用所转播的赛事特有的规则和秩序，并通过这些规律和秩序将赛事特有的节拍、美感、运动变化宣讲和准确地评述出来。在直播中调节好解说节奏，掌握合理的连接和有序的变化，才能使解说达到体育直播旁述的艺术境界，这也是体育解说应当追求的目标和准则。

体育解说之所以也能够被称为一门艺术，是因为它不是刻板、僵化、静止不变的，而是随着赛事规模和转播水平的不断提高而变化发展的。那么，怎样才能让解说节奏达到最佳效果，增强解说的感染力？完善解说节奏的技巧有以下几点。

#### 1. 与比赛相融的语言运用

体育解说尤其是现场解说，要求解说员要具备语言的基本条件，大多数比赛的速度和节奏都是较快的。因此就要求在现场做赛事解说的主持人语速相对要快一些，尤其到比赛进入高潮的时候，解说员也要随同比赛的紧张激烈程度充分地兴奋起来。但更重要的一个基本原则，就是要遵循比赛的自身规律，与赛事进程紧密联系在一起。一般来说，电子竞技比赛的起始，和其他传统体育项目一样，对阵的双方都要经过一个短暂的相互试探、相互摸底、寻找对方薄弱环节的过程。越是重大的比赛，这个过程往往越长。对对方的阵容、状态和临场的发挥有所了解之后，比赛也渐入佳境。例如，解说员在比赛开始需要介绍一下双方的备战情况、上场阵容、交战历史等，语言力求简练精准，语气要相对舒缓一些，情绪也要稳定一些，也就是要做到扎实和平淡，这既是为比赛高潮做铺垫，也是解说比赛的基本要求。如果一上来就激情澎湃，声音用得很满，气运得很足，就显得不合时宜，甚至有些喧宾夺主了。

#### 2. 充足的赛前准备

一个合格的体育赛事的解说员，会在比赛开始前做大量的准备工作。所以当比赛开始后，经验丰富的解说员往往会主动地为自己要解说的这场比赛制造一些"悬念"，增加一些"卖点"。这些看点从比赛开始一直贯穿于整个比赛，可以带领着观众跟随比赛的跌宕起伏而进行，从而使观众觉得比赛更有看头，更有趣味。

如果赛前的"悬念"和"卖点"在比赛中很好地被印证，那么就可以使解说更加准确地为赛事服务，为赛事画龙点睛。所以，对一个称职的解说员来说，无论转播的是大型赛事还是平时的小型对战，都要做好充分的准备，为比赛做好细致的铺垫，才能更加准确地把握比赛的解说节奏，吸引观众的注意力，使之产生共鸣。

赛前准备包括三个方面：针对性准备，也就是为即将解说的本场比赛整理资料；平时积累，也就是观看大量的相关比赛；解说项目以外的能力培养与信息收集。

### 3. 与比赛同步的情绪起伏

在赛事解说过程中，如果解说员一直平铺直叙，跟着画面亦步亦趋，就显得呆板单调了。有起有伏、错落有致、高潮迭起的解说方式才是所应该推崇的。解说员带给观众的是形体的变化，是表情的语言。解说员要通过自己的语言，准确、生动地介绍该场比赛的背景、特征、发生、经过，直至进入最关键的比分结果，而对关键时刻的控制与驾驭能力则体现出一个解说员的功底。作为一个优秀的直播赛事解说员，应该不断根据赛场上的对抗变化调整和把握自己的解说节奏，张弛有度、收放自如。

另一个关键点是，解说员要能捕捉到赛场中那些能够引起变奏的"赛点"，如大逆转、惊人的战术运用等，并调动自己的积累，即兴发挥，制造直播中的精彩解说瞬间。此时解说的声音、语言的节奏都要随着比赛的变化而起伏。只有符合内在与外在的节奏，才能环环相扣地把观众带入比赛的高潮甚至难忘的瞬间。

### 4. 相对客观的评述

在体育赛事的现场直播中，一个成熟的、有经验的解说员应该表现出既富有激情又不失理智、既具有较高的文化修养又具有一定的专业知识、既具有灵敏的反应又有良好的幽默感、既能客观公正又可以自我控制的能力和水平。

立场中立、以事论事是体育解说员非常宝贵的品质，切忌失去最基本的客观与公正，更不能信口开河地充当比赛的仲裁者，即便在激动之下也坚决不能过于主观、越过界线，特别是感情用事，带有民族色彩和政治色彩倾向性去评判选手。如果出现这样的情况，再紧张激烈、扣人心弦的比赛，也会因为解说员不合理、刺耳的评述，使得观众产生反感情绪，对精彩比赛的好感度大打折扣，这种结果就失去了体育解说在赛事中应该起到的作用，更不会产生赛事和解说相辅相成的艺术美了。

解说节奏来自对比赛整体的把控，只有解说员对赛事有整体的了解和准确的预判，才能做好充分的准备，最终做到把握节奏。所以，节奏在体育解说中占有非常重要的地位，解说员在解说比赛时，要根据赛场上瞬息万变的情况，跟进和控制好语言的节奏，时刻注意调动观众的情绪，做到时而紧张高亢、时而舒缓叙说、时而快慢有致、时而冷热相间，整体来说收放自如、张弛有度。

### （二）把握个性化的解说风格

在当前电子竞技解说行业，个性化是彰显电子竞技解说员特色的一个标志。如今，电子竞技项目和节目类型逐渐丰富，个性化的解说风格更能抓住观众的眼球。但是，个性化的解说风格不是一朝一夕能够形成的，必然是在加强自身语言的规范性并提升文化内涵与品位的基础上才能够实现的。形成个性化的解说风格往往是比较困难的，因为风格受影响的因素较多，与解说员自身的修养、性格、生活经历、语言风格等因素相关。同时，解说的电子竞技项目对此也有一定的影响。因此，电子竞技解说员要想拥有自己独特的解说风格，需要不断加强个性化标签的塑造，并在解说过程中体现灵活丰富、张弛有度的个人特色与个人理解，展现独特的个人魅力。

《英雄联盟》的知名解说小智（杨丰智），就是凭借过人的语言表达能力赢得众多粉丝喜爱。小智最大的特点就是会经常在解说中适当地调侃队友和同行，通过合理的"趣味段子"娱乐观众，成功树立起自己的风格。但是随着知名解说员的走红，也引来很多模仿者，这时候要避免电子竞技解说行业呈现出明显同质化的情况。

### 七、进行形体相关训练及素质培养

电子竞技解说员对于赛事和直播栏目来说就像播音员对于一档节目的口碑传播一样至关重要，不仅需要具有较高的职业素养，而且也应具备良好的外在形象。形体训练和对镜头感的培养，是塑造个人形象的重要手段，这也满足了观众对于解说、播音工作者的视听期待。

电子竞技解说员应该保持良好的姿态，站姿、行姿、手势和眼神的运用都是电子竞技解说员在解说时应该特别注意的细节，要向观众传播一种积极向上、阳光健康的精神状态，不能消极懒散、无精打采。行为举止不符合文明社会和社会主义核心价值观的行为，永远不会成为整个社会的主流，社会的主流应以弘扬主旋律、传播正能量为主。因此使自己举止恰当、衣着得体是一个合格的电子竞技解说员的基本素质。

除了必修形体训练以外，电子竞技解说员还要具备一定的审美能力，它包含出镜服装、妆容的美，也包含视听结合起来呈现给观众的画面美。电子竞技解说之路在国内还处于探索阶段，解说们的服装也随着赞助商的不同有所差异，但从整体上来看，要符合电子竞技的主题，符合体育精神的内涵。服装方面要简单大方，不穿奇装异服；妆容方面，要给观众清新自然的美感，这会为解说员们的亲和力加分。

那么，如何提高自身的形体素质和修养？对形体进行严格的专门训练是必要和有效的方法及手段，包含以下几方面。

#### （一）完成从自我形象向公众形象的转换

自然状态中的"我"是自在自为的。他（她）不受专业艺术法规的约束和限制。主持人、播音员、解说员等是被社会群体关注的"公众人物"。当他（她）和受众面对面交流时，就不再是那个"自然状态中"的自己了。这些人群有自己的角色定位，在节目流程和直播过程中，他（她）的有声语言、行为举止、体态姿势，甚至神态表情都应和节目性质、内容、风格相一致。

在努力塑造大方得体的形象的过程中，主持人、播音员、解说员在受众面前的"第一印象"是至关重要的。所谓"第一印象"就是形体自我感觉给予受众的视觉和心理上的印象。受众通过对他们外貌、言行举止的观察了解，逐渐对他们的内在素养有所认识。所以，作为电视传媒和网络传媒最前沿的传播报道者，不仅要具备较好的专业技能，而且也要有较强的形体素质上的修养，只有这样才能赢得"观众缘"，积攒更多的粉丝。这里要注意的是，主持人、播音员、解说员的风度气质不是伪装出来的，应该是自然流露，有什么样的气质就对应着有什么样的表现。

#### （二）培养舞台感和镜头感

舞台感是主持人心理素质的重要体现之一。要想较好地把握舞台感，就要以较强的心理素质为基础。有些主持人因紧张而惧怕舞台灯光，面对镜头主持节目时四肢僵硬、体态萎缩造成发声器官如喉部紧缩，唇齿运动不灵活，更有甚者，忘记串联词、话语打颤哆嗦、出现哭腔。这些情况的发生都是因为没有较强的舞台心理素质所导致的。

镜头感特指电视节目主持人面对摄像机镜头的状态，具体来说，就是主持人将摄像机镜头与自己的工作状态相辅相融，继而准确表达自己思想与节目整体意蕴的心理状态和感觉。它是一种通过摄像机镜头的心理暗示，由主持人将镜头拟人化，这一过程形式上是虚拟的，但是其本质有着实际的内容。良好的镜头感有助于主持人建立节目与观众相互交流、相互信任的桥梁，是每一位电视节目主持人必须把握的技巧。

因此，作为一名想要在镜头前更好地驾驭有声语言、展现魅力与自信的解说员，首先要建立舞台信念感，体现出积极热情的舞台精神风貌；其次要找准面部的最佳角度，然后根据镜头位置，配合打光情况，在摄影师的要求范围之内尽量向最佳角度靠近。只有在形体上自我感觉和肢体语言运动中轻松自如、和谐得体，才能辅助有声语言的表达，塑造较完美的发声形象。

（三）丰富个性与气质

这里所说的个性，就是指主持人、播音员、解说员等在主持节目或解说比赛的流程中，从多方面显示出来的相对稳定的独特性。所谓独特性，就是这一事物独有的，与其他事物相区别的特性。这些人群的独特性是结合的节目风格，从他们的外貌、形象、气质和内在文化修养方面体现出来的。除了个性化的语言外还表现为个性化的形体动作。

（四）提高审美意趣

审美意趣是指人（即审美主体）对审美客体（艺术品、人物事物、景物等）的欣赏过程中表现出特殊的心理状态，也是人对审美对象进行审美后获得的一种愉快的体验——美感体验。

形体训练可以对主持人、播音员、解说员等自身不符合审美要求的形体加以改造，使之适合节目和受众的审美要求。在形体训练的过程中，他们不只是在满足受众的审美，更是在引导受众审美，因而，自身的审美观念也需要合适地树立和引导，而形体训练就是引导审美观的一种方式，并且可以持续很长的时间，形成一种习惯。对于受众来说，他们通过对主持人、播音员、解说员训练有素的美好的形体语言，可以产生创造性的联想，得到美的享受，受到美的陶冶，最好的情况是让受众自觉效仿。

有声语言表达是节目主持人对节目文本的再度创作。在主持人编辑、策划的文本中，就有许多表达内心情感的"非语言符号"来表情达意。例如歌颂祖国山川、万里长城、或一泻千里的江河湖海的节目，文本气魄大，所以形体语言就必然大开大阖，动作舒展、视野开阔。受众在聆听美文的同时，也享受到了主持人形体感觉上的整体美感，从而提高了节目的艺术欣赏价值。

八、合理把握政治意识形态

互联网已经越来越普及，它和广播、电视一起，承担传播信息、引导舆论、提供服务等功能，对受众的生活态度、审美情趣、知识积累等多方面都会产生影响，此外还对受众政治观和政治选择产生影响。

主持人、播音员等新闻工作者几乎每天都在广播、电视节目中出声露面，是公众人物，他们的工作和言行对整个社会都产生着影响。他们传递信息，影响着人们的生活；他们表达观点，影响着人们的世界观、价值观；他们使用最标准的语言，影响着人们的语言观和使用语言的水平。但是他们另外一种极为重要的影响力一直以来却没有得到应有的重视，那就是播音员、主持人的政治影响力。作为广播、电视媒体，甚至如今网络媒体的工作人员，身处大众传播中传播主体的最后一环，代表媒体面对广大听众、观众，对受众有着极大的影响力。他们的影响力也必须在媒体提供的平台上才能得以体现。因此，是媒体赋予了他们很大的影响力。

体育解说员所从事的事业属于传媒事业，从宏观上来说，他们一方面承担着引导人、鼓舞人、鞭策人的重任；另一方面又在熏陶和丰富着人民群众的文化生活。因此，他们自身必须树立风清气正的政治意识引导社会进步，同时又要具备很强的业务素质，尤其要擅长独树一帜的语言风格，让受众在受到教益的同时享受该艺术形式的美。

其实，体育解说员的社会角色首先应该是一名记者，既然要做一个合格的新闻记者，体育解说员就必须拥有一个新闻工作者应该具备的良好的新闻素养，就必须遵循新闻工作的共性要求。这其中最重要的一点就是良好的政治思想素养，包含以下几点。

（一）增强国家民族意识、政治意识、群众意识和大局意识

1）强烈的国家民族意识是强烈社会责任感形成的重要前提。作为播音主持的从业人员，对于自己国家和民族的历史一定要有比较全面、深刻地认识，这是最起码、也是最基本的社会责任意识。

2）强烈的政治意识和民众群体意识二者相辅相成、不可分割，是强烈的社会责任感的重要组成部分。

① 强烈的政治意识是主持人、播音员的"风向标"。

② 心系群众是主持人、播音员强烈群众意识的最好表现。

③ 大局意识是主持人、播音员成功的有力保障。

（二）坚持正确的舆论导向和培养扎实的专业素质

坚持把正确的舆论导向放在首位，是新闻宣传最重要的责任。体育解说员必须具有良好的政治思想素养，才能坚持正确的世界观和人生观，具备坚定的政治立场、高度的敬业精神、强烈的社会责任感和组织纪律观念，能够坚持正确的舆论导向和正确的报道方向。

主持人、播音员作为媒体工作者，其自身具有一定的政治影响力。要想发挥好自身的政治影响力，就要不断地加强政治和时事政策的学习，密切关注国际形势的变化，同时还要不断加强自己的政治修养和人文修养。

1. 加强政治学习

主持人、播音员的身份有其特殊性，必须具备较强的政治素质，具备相当的理论功底，了解社会的基本运行规律和发展趋向。这其中最根本的底线就是热爱人民，维护国家利益。

2. 加强政策学习

必须紧跟时代的步伐，密切关注国家的政治生活和社会热点，用新闻工作者的敏感来认识分析政策内容和政策走向，把握政策对新闻工作和社会生活各方面的指导意义，做出科学合理的判断，要做到对政策心中有数。

3. 密切关注国际形势

关注世界局势，把握世界热点和地区热点问题，用更专业、更深入的眼光分析国际热点

问题，做出科学、准确、客观的判断和分析评论。

4. 加强人文情怀的培养

主持人、播音员要做一个充满人文情怀的人，这样才能更深入、更真实地融入到生活中，发现那些源于生活、高于生活的人性光辉，并将其发扬光大，才能去影响别人。播音员、主持人应该重视自身的政治影响力，并充分运用和发挥这种影响力来为国家的和谐社会建设做出贡献。

# 第五章
# 电子竞技解说实践

## 第一节　电子竞技解说的赛前准备工作

对解说进行充分的准备工作是非常有必要的，一定程度上，前期的准备工作决定了解说的成败。

电子竞技解说往往是采用直播的形式，解说员在现场的每一句话都是一次性的，没有重来的机会，一旦出现错误将会被数倍放大，因此，电子竞技解说员要尽力追求一次性成功。而完善的赛前准备可以最大限度地提高成功率，并且解说员的精心准备也更容易获得同行的认可，无论是搭档解说员，还是现场导演及其他同事，当解说员积极地与他们分析赛事的准备信息时，他们的信任和依赖也在无形中提高了。关于电子竞技解说的前期准备工作，大致可以分为主观准备和客观准备。

### 一、主观准备

#### （一）正确定位

电子竞技解说员要明白自己的定位。对于电子竞技赛事传播来说，解说员与观众之间的本质关系是服务与被服务的关系。面对不同的观众群体，其解说方式是有差异的。对于热门的电子竞技项目及资深电子竞技用户来说，解说员只需着重介绍电子竞技项目中的对决过程及深层次的战术思路，而对于冷门的电子竞技项目及对电子竞技热爱程度不高的用户来说，解说员需要在解说比赛过程的同时，做好这一项目的普及工作和相关知识的传播。

同时，电子竞技解说员还要根据自己所属的席位来明确自己的职责，不可在解说过程中喧宾夺主。

#### （二）情绪准备

在电子竞技赛事的解说过程当中，情绪的准备也是非常重要的。观众可能会忘记一场精彩的电子竞技赛事的具体内容，但是不会轻易忘记那场比赛带给自己的情绪波动。所以，这就需要解说员对自己将要解说的比赛，提前进行情绪的准备。一些重要的、甚至是具有里程碑意义的比赛，需要解说员在解说的过程中表现出极富感染力的情绪，因为在瞬息万变的现场，解说员是很难做到情绪的瞬间积累和调动的。例如，第六届 DOTA2 国际邀请赛的总决赛，因为这场比赛是由中国战队 Wings 对战国外战队 DC，比赛的结果具有很重要的意义。如果 Wings 获胜了，不但会缔造一个草根战队捧起冠军盾的神话，更加可以守护住中国刀塔军团在偶数年的冠军荣耀；如果 Wings 失败了，那么中国刀塔军团在第六届 DOTA2 国际邀请赛中将全面溃败，中国军团的偶数年冠军荣耀也将破灭。由此可见，这是一场里程碑式的比赛，赛前解说员应对于结果进行相应的情绪准备来应对。对于胜利，解说员要用激动的、热烈的情绪感染观众；对于失败，解说员也要调整好情绪的落差，努力安抚好观众的情绪。可以看到，在 Wings 夺冠的最后一场比赛的前夕，解说员董灿（DC）和解说员张羽（单车）的情绪准备非常恰当，在看到即将夺冠时，他们的情绪瞬间进入了非常高涨的状态，这是通过前期的情绪准备才能达到的效果。

有一点需要注意的是，为了避免解说员因为情绪的波动而导致解说过程中出现明显的倾向性，解说员也要对将要解说的赛事进行情绪上的准备。例如，当中国战队对战国外战队时，国内解说对中国队带有明显的情绪倾向也是合理的；再例如，当主场战队迎战客场战队的时候，主场解说员带有一定的情绪倾向也是可以的。当然，这里指的情绪准备并不是完全无视公平客观，而是在合理的范围内做出一定的情绪准备。

（三）身体状态准备

对于解说员来说，身体状态不良不仅体现在可能出现的身体疲劳上，也可能表现为音质的降低和音色的失常。电子竞技解说员的体能消耗是非常大的，在长时间的、重复性的、高度紧张的状态下，始终要保持头脑清醒是一件非常困难的事情。所以解说员必须要有一个优秀的身体素质。在连续多天的大型赛事期间，解说员还应合理分配自己的体能。对于电子竞技解说员来说，当大赛来临的时候最好早一些休息，并且提前醒来做直播准备。工作之余也要注意加强身体锻炼，以保证应对可能出现的高强度解说任务。

（四）沟通准备

现在的电子竞技解说早已不是"单打独斗"的年代。一场电子竞技赛事解说是需要多方合作的。一个优秀的电子竞技解说员，在解说开始之前，通常会和现场的工作人员及自己的搭档进行充分的沟通。例如，和现场的工作人员进行沟通，确定一旦出现直播意外，需要拟定什么样的紧急预案和处理措施；和自己的搭档进行充分的沟通更是为了避免解说过程中因为重叠和观点不一而造成的效果干扰，同时分配解说工作职能，以及当出现紧急情况时的帮助机制等。

二、客观准备

（一）熟悉项目规则及知识

在此，我们将项目规则和资料收集做了区分。其原因在于，相比较动态的资料而言，项目的规则是具有一定稳定性的，并且对于规则的熟悉程度对于电子竞技解说员的表现具有决定性的作用。虽然，电子竞技项目由于版本的更新，内容会经常出现变动，但是其项目的主体规则基本保持不变，一些辅助规则也往往是在上一版本的基础上做出微调，变化幅度并不是特别大。例如，虽然 MOBA 类游戏的版本会不断地更迭，但是其推塔的核心规则是几乎不变的，游戏偶尔对地图及英雄的修改也往往是为了稳定游戏平衡性，依据上一个版本做一定的调整，对规则的影响不是特别大。

由于电子竞技项目具有娱乐性和数据性，这使得很多关于电子竞技项目的具体规则会被隐藏于游戏中，需要解说员自行挖掘。解说员要想完整地掌握项目的全部规则并熟练应用，就需要大量的游戏经验及对游戏机制的反复研究和比较。

因为电子竞技赛事包含双重规则的特殊性，解说员不但要了解电子竞技项目自身的游戏规则，同时也需要了解与之匹配的赛事规则。这一规则就包括参赛规则、比赛规则及赛制等。例如，参赛规则会涉及：队伍是否具备参赛资格、选手年龄是否有限定、选手身份是否有限制、队伍的归属权益等多个方面；比赛规则包括：设备准备、机器调试、裁判监督、处罚方式等。

赛制规则包括联赛赛制、杯赛赛制、升降级赛制、奖金分配等。一般情况下，赛事的赛制是不会做出临时修改的。常态化的赛事也通常不会做出太大的修改，大多数情况是由主办方做出微调，通常这些微调会尽早地公布在相关的信息网站上，方便解说员提前了解和熟悉。

解说员只有在非常熟悉电子竞技项目自身的规则及相关赛事规则的情况下，才可以在解说过程中对某一场景进行正确的描述和评论，甚至在对裁判员某一判罚进行评论的时候，做到胸有成竹。

（二）赛事相关信息收集及整理

对于电子竞技赛事相关资料的收集和整理，是整个准备过程中非常重要的一个环节。这一环节在极大程度上决定了电子竞技解说员的临场解说表现、解说内容的精彩程度及丰富程度。

赛事相关信息的收集整理包含以下几个方面：战队信息、赛事资料、热门的舆论话题、游戏版本更新信息、主办方信息、举办地的人文资料、明星人员信息等，对于常态的赛事还可以了解其赛事的发展和历史信息。

虽然对于赛事的信息收集及整理看似简单，但是这一工作内容却非常繁杂。下面来介绍和总结几个资料收集途径供大家参考。

1. 收集途径

（1）与赛事及电子竞技项目发展相关的书籍　在电子竞技项目及赛事发展相关的书籍中，可以了解电子竞技项目发展的基本脉络，了解项目的核心价值和拐点。这样的书籍往往是由赛事及电子竞技项目的官方或是由参与其中的运动员、工作人员、记者等人员编写的，如 WCG 的相关历史书籍及《暴雪游戏编年史》等相关书籍。

（2）与赛事及游戏相关的平面媒体　杂志和报纸等电子竞技相关的平面媒体特别热衷于报道电子竞技赛事、战队及选手的最新状态。有些覆盖面广的杂志会同时更新相关电子竞技项目的信息，如《电子竞技》杂志等平面媒体。

（3）有关于赛事、战队和选手的信息网站　互联网的时效性及内容的丰富性与扩展性，使得电子竞技解说员的资料搜集工作和整理工作的效率得到了极大的提高。尤其是电子竞技项目的赛事官方网站，例如，WESG 赛事官方网站、英雄联盟职业联赛赛事官方网站等都可以提供非常权威的赛事、战队及选手的信息。同时，很多电子竞技第三方网站也可以成为电子竞技解说员获取信息的渠道，如 dotamax、全球电竞网等。

（4）业内专家的个人媒介　任何一个行业内都会有很多专业人士，他们依靠自己丰富的经验和认真的态度而被大众认可，电子竞技行业也不例外。

很多电子竞技行业内的知名人士、职业选手、传媒达人等都会有属于自己的个人媒介，如微博、微信公众号、视频专栏等。他们会在这些媒体上发表自己对于某一电子竞技项目及赛事的理解和看法。这些观点往往具备非常强的话题性、专业性和创新性，以其独特的视角来诠释一些不易被发现的赛事细节。这些信息对于电子竞技解说员来说是非常宝贵的。但是解说员也需要保持自身的独立性，不能一味地照搬专家观点。

（5）过往的比赛录像　过往的比赛录像，在电子竞技行业内一般被称为 Replay。观看过往的比赛录像这一方式可以说是从传统体育项目中沿袭下来的，这一方式在电子竞技行业内，最早诞生于 FPS 类型及 RTS 类型游戏火爆的年代。当时的电子竞技选手经常通过观看对手的比赛录像，或者自己失败的比赛录像，来分析自己的缺点和漏洞，从而研究对手风格并对自己进行针对性弥补。这一方式流传至今，已经成为当前电子竞技项目不可或缺的训练内容及信息获取方式。

对于电子竞技解说员来说，观看比赛录像可以说是其赛前准备中非常必要的环节。越是重要的比赛，需要观看的对战双方过往的比赛录像越多。解说员可以通过分析过往的比赛录像，总结出战队的特质、战术打法、核心队员的运营方式等各个方面，让自己的解说从浅层进入到深层；从感性进入到理性，提升自身的专业水准。

（6）与比赛相关的新闻、访谈、综艺节目　虽然电子竞技运动目前在主流媒体上的传播仍然受到限制，但是随着时代的发展和进步，直播平台的出现及社会对于电子竞技项目的逐步认可，让关于电子竞技赛事的相关新闻、纪录片、访谈甚至综艺节目都出现在人们的视野中。在这些节目中，电子竞技解说员可以获得许多关于电子竞技俱乐部、战队的历史发展和选手的人物个性等各方面的资料，对于加深自己解说的宽度和丰富自己的解说内容具有极大的作用。

（7）电子竞技相关的专业学术期刊　随着电子竞技被社会的认可度逐渐增加，国内外很多学者也开始从不同角度研究电子竞技行业。这其中有许多大学教授、专业机构等，如艾瑞咨询、易观智库等，他们通过自己的专业知识来分析电子竞技行业的方方面面，从中得出的很多观点也非常值得电子竞技解说员学习和了解。

### 2. 整理方式

（1）记录笔记　书写是人类记录知识和信息的必备方式，即使在互联网飞速发展的今天，它依然有着非常重要的地位。而这一方式对于电子竞技解说员来说也是整理信息的重要方式之一。当解说员在整理收集的资料时，对于其中的重点信息或者自己突发的灵感可以通过记录笔记的方式快速地记录，并通过后期的加工形成体系。

虽然记录笔记的方式非常好，但是有的时候，一些比赛考虑到解说过程中解说员的形象，不会容许佩戴笔记本，这时小纸条可以作为在解说现场非常有用的整理和记录工具。在小纸条上记录相关赛事的核心数据和信息，方便解说员在解说过程中随时使用。

此外，优秀的电子竞技解说员还会在小纸条上准备几个可能的看点来提升自己的解说质量。这里的看点指的是一场对决中的关注点。例如，队伍与队伍之间的恩怨就是一个很好的看点，又如某些技术特点的提前准备、战队战术的体现等各方面。

（2）建立文件夹　作为一名合格的电子竞技解说员，要对自己解说的项目的过往赛事数据、游戏更新数据、选手资料等做到尽可能全面的收集。而计算机的文件夹给了解说员很好的帮助，将数据尽可能多地分类存放，保证自己在需要提取的时候有据可查。这也是电子竞技解说员自身非常宝贵的财富。

（3）整合数据库　这里的数据库不单单是指电子竞技相关项目和赛事的数据网站，同时也是为电子竞技解说员提供一种数据整合的概念。解说员对自己收集的资料进行数据化处理，提取出直观的、客观的、具有说服力的资料，如野区入侵率、眼位使用率、英雄克制规律等。

（4）绘制战术图 当电子竞技解说员具备非常高的游戏水准和理解的时候，就可以根据此前收集的资料，自行绘制战术图。这些战术图在现场的比赛解说中会充分、直观地展现该名电子竞技解说员的大局观和游戏水平，甚至让观众眼前一亮。

（三）现场设备调试

电子竞技解说通常都是直播解说及现场解说。任何失误都会给予解说过程不可逆转的损害。所以对于现场的设备调试不仅仅是设备工作人员的任务。解说员为了保证自己的解说尽可能的完美，也要检查及配合工作人员调试设备。

耳机麦克风的调试：解说员应当先后对于自己在转播中使用的耳机和麦克风进行调试。手麦和领夹往往可以比较完美地呈现出解说员的音质。

出镜调试：考虑到过程中场景的不断切换，解说员需要与摄像师合作调试镜头，确定机位切换标识。

机器调试：解说员要提前确定自己的解说用机，检查监视器画面清晰程度和网络连接状况。确保在解说过程中不会出现画面丢失、机器卡顿等现象。

# 第二节 电子竞技解说副语言

在播音、主持和解说传播过程中，传播主体除了借助有声语言传递信息、表达情感、阐释观点、沟通受众外，传播主体的眼神、表情、体态、服饰等也都在传递着信息，我们将这些符号系统称之为副语言。

## 一、电子竞技副语言的内容

电子竞技解说中的副语言包括语速、语调和体态语言等元素。作为电子竞技解说的语言外壳，副语言发挥着至关重要的作用。

### （一）语速

语速快基本成为了电子竞技解说的标签。其原因在于电子竞技项目当中，某一时刻及场景中经常会出现非常庞大的数据量和信息量，而解说员要在极短的时间内将这些数据量转化为语言传达给观众，这使得绝大多数电子竞技解说员的语速都非常快速。行业对电子竞技解说员的要求往往是以最快的速度，将最准确的场景生动形象地表达出来。

但是随着电子竞技项目逐渐的增加，以及电子竞技解说体系的逐渐完善，电子竞技解说不再是一味地追求快节奏、高语速。不同的游戏项目对语速的要求大不相同。

对于快节奏的电子竞技项目，如 MOBA 类游戏项目，团战过程中就需要解说员用快节奏的语速来完成对于场景的描述，并且快节奏可以给予观众一种与团战相匹配的紧张和刺激的感觉。而对于慢节奏的电子竞技项目来说，如卡牌类项目，画面中提供的解说元素特别少，因此这一类项目对于解说员的要求是，尽可能多的保持话语量。从美学的角度出发，对于受众来说，画面的信息量越小，越需要解说员通过解说的话语来填补空白，从而有效地补充画面的信息量缺失。因此，解说员需要动用大量的、准备好的资料和自身储存的记忆来维持解说的话语量，有时还需要解说员通过自己的联想来填补画面内容的不足。

### （二）语调

语调，即说话的腔调，就是一句话里声调高低、抑扬轻重的配制和语调变化。有分析称一个人说话时给人的印象，肢体动作占 55%，语调占 38%，内容只占 7%。所以，说话时语调非常重要。在电子竞技解说中，语调可以分为平调、升调、降调和曲调四种。使用情况根据解说话语语境而定。

### 1. 平调

平调是语流没有出现明显的波峰和波谷的语调。通常用于背景介绍当中，如选手背景资料介绍、项目背景资料介绍。

### 2. 升调

升调是语流波出现明显波峰和波谷，波谷出现在句首，波峰出现在句尾的语调。在疑问和感叹句中升调的使用频率较高。通常在抒发感情的时候使用，如在战队获得世界冠军的时候。

### 3. 降调

降调与升调类似，也是语流波出现明显波峰和波谷的语调，它的波峰出现在句首，而波谷出现在句尾。在祈使句和陈述句中使用的频率较为高，在阐释说明和部分预测时使用较多，如"某某战队这个阵容选择的不是太好啊"。

### 4. 曲调

曲调是语流波出现多次震荡的语调，它的波峰和波谷交替出现。可以看作是平调、升调和降调的综合。因此又被称为"综合调"。曲调可以出现在整个解说过程中的所有部分，但在出现精彩场面时运用的频率较高。曲调最能够满足受众不断起伏的情绪需求。

### （三）体态语言

体态语言是通过身姿、手势、表情、目光等配合有声语言传递信息的一种形式，又称为"态势语""人体语言""行为语言"等。体态语言包括表情、动作和类语言，这也是解说过程中不可忽视的组成部分。

### 1. 表情

表情是通过五官来展现的，丰富的表情变化可以传达各种不同的信息。例如，当某个选手做出惊人的操作时，解说员可以通过扬眉和张大嘴巴来表示对于这一场景的惊叹，通过表情加强情绪的渲染。

### 2. 动作

动作主要包含身势和手势。身势包括头势、躯干势、腿势、坐势和站势等。手势又可以包括手指、手掌和双臂的显示。解说过程中涉及的动作可以说是千变万化，能传达的意思也是千差万别。例如，解说员摇头的时候可能表示的是对于现场状况的不满或否定甚至是失望。与此同时，当动作和表情有机地结合在一起时，可以传达的信息更加细腻和复杂。

### 3. 类语言

类语言是指话语中的停顿和没有固定意义的声音，如哭声、笑声、叹息声等。没有固定意义的类语言是解说员情绪释放的重要方式。例如，当某个选手因为失误而错过了注定的击杀时，解说员的叹息声可以使受众的情绪得到适当的舒缓；当比赛中出现令人意想不到的画面时，解说员的些许笑声也是对于语言环境的合理映衬。

## 二、电子竞技副语言的功能

### （一）补充、替代和强调言语表达

电子竞技解说员在解说直播比赛的过程中，难免有词不达意的时候，通过副语言来弥补有声语言的缺陷，往往能使意图得到更充分的表达。若解说员用简单的语言难以解释清楚，可以辅以眼神和手势，来取得更好的效果。同时，解说员还可以通过与搭档解说员、嘉宾接触和音调、姿势等副语言的调整来替代言语表达。例如，在解说过程中点头、皱眉等动作可以让对方明显地感受到鼓励或不赞同等情绪，省去了语言的赘述；解说员还可通过对语言的轻重缓急之分，或者对某些关键语词用眼神、点头加以突出，来强调所表达内容的重要性。

### （二）表达丰富的情感和态度

著名作家周国平曾说过："一切高贵的情感都羞于表白，一切深刻的体验都拙于言辞。"在传播过程中，一些细微的情感很难用语言准确表达，却能通过副语言充分展示。对电子竞技解说员而言，常常需要副语言的配合来表达自己在一场赛事过程中跌宕起伏的情感与态度。但是，毕竟一场比赛不可能每分每秒都有激情，不能冷场就显得非常重要。例如，解说员海涛，他总会在要冷场的时候发挥幽默的特质说点笑话，还因为某些选手关键性的操作，吼得特别激情，整个人仿佛沸腾起来。

### （三）彰显个性，树立自我形象

个性是一个人特有的行为模式。电子竞技解说员在解说台前的仪表风度、举止动作和语音、语气等无不向他人传达自身的个性信息。良好的仪容仪表和举止风度能给人留下良好的印象，有利于形成解说员独有的风格，取得更好的传播效果。

## 第三节 电子竞技解说员之间的合作形式

在电子竞技的解说过程当中，搭档之间的话语配合是影响解说质量的重要因素。虽然会出现分歧，但分歧是正常的，只有求同存异才可能和谐存在。于是在电子竞技解说当中会出现协商式解说和对抗式解说两大类。这正是电子竞技解说过程中求同存异的表现。

所谓协商式解说是指搭档之间在解说和评论过程中保持意见的相对一致，使得解说始终处于一个平衡的状态。所谓对抗式解说是指搭档之间在解说和评论的过程中存在意见的相左，有时会碰撞出火花，甚至发展到对立的状态，使得解说处于一种不稳定的状态，但是又很富有戏剧性。国内外目前普遍使用的是协商式的合作形式。

### 一、协商式解说

协商式解说经常表现为搭档之间的附和。例如，一方抛出一个观点之后，另一方通常会以"嗯""对""是的"等来认同对方，并表示尊重。一般在解说搭档出现失误时，经常会选择无视或转移话题的方式来进行掩饰。这种合作模式的优势在于，其可以很好地使搭档之间快速地建立起良好的信任关系，使两人的工作重心集中在与比赛相关的内容上。同时，由于协商式解说体现了一种正常的解说话语关系，观众就不会感觉到怪异，其注意力会更多地集中在转播相关的内容上，不至于为赛场外的意外因素分心。

但是协商式的解说却存在着内部结构上的弊端。当搭档出现解说失误时，往往选择的是掩盖和逃避。这会导致观众对解说团队整体的专业性造成质疑。观众的不满情绪会逐渐积累，最后导致整个解说团队出现信誉的损害。

## 二、对抗式解说

对抗式解说表现为搭档之间对于彼此的意见表达不赞同，以强硬的态度或者以委婉的态度指出对方意见的可商榷之处，搭档之间的关系较为微妙。

但是不提倡以强硬的态度来处理搭档的可商榷之处，这样会导致搭档之间的关系紧张。更提倡通过委婉的、幽默的方式来进行对抗式解说，在解说中多使用"我不太相信""也会出现"等词汇，甚至可以通过预先设立某一种猜想和预判来营造对抗式解说。例如，在著名《DOTA2》解说员 DC 和单车的解说过程中，DC 经常会通过一些戏谑的方法来给出和单车意见相左的看法。因为比赛的偶然性和随机性很大，没有一种意见是几乎百分之百正确的。当单车对于局势做了一个判断的时候，DC 会说："我不太相信局势会如此发展，这个选手还可以……"又或者说当单车表达一场比赛某一方优势很大，几乎锁定胜局，此时 DC 会说："不一定吧，另一方还是可以翻盘的，……"这就是一种非常好的对抗式解说。

在现实的解说过程中，优秀的解说团队往往是两种解说方式一同使用的。两种方式的交替使用既可以快速推进解说搭档之间的关系，又可以有效地降低低级失误的扩散，形成戏剧性看点；还可以为受众提供更为广阔的视野，展示精彩的智慧较量。

# 第四节　突发及特殊情况处理

在电子竞技解说的过程中也会出现一些突发情况，即由于设备、人员、环境等各方面因素在任何一个环节突然出现不受控的变化而给解说带来影响。接下来，介绍一些突发情况的处理方法。

### 一、耳麦没有声音

当在解说过程中出现耳机和麦克没有声音时，一定不要惊慌，需要第一时间向导播以及搭档发出求助信息。这就是需要电子竞技解说员在解说开始之前做好沟通准备的原因，提前和导播组及搭档设定好求助的暗号。当出现这一现象时，搭档可以迅速接过话题，而导播组可以第一时间前去处理。

### 二、画面因为某些问题无法切换

有时在解说的过程中可能会因为某些技术原因，导致画面没有按照预先准备的环节切换。导播组会第一时间联系解说员，要求其顺利度过技术修复这段时间。这时需要解说员通过事先准备好的资料及自己的知识来活跃气氛、丰富解说内容，解决当前的留白问题。

### 三、比赛因故中断

当比赛因故中断时，解说员需要第一时间按照导播的提示，说明现场原因，并且在这一环节当中配合导播进行广告及宣传片的插播。不应展现出否定情绪，尽可能帮助赛事度过危机。

四、隔音效果不好并无观战延时设置

在现场解说的过程中，有时会因为隔音设备准备不足，并且现场无观战延迟设置。在这种情况下，需要解说员随机应变，将可能会影响到比赛进程和公平性的信息过滤掉。尽量不在现场解说中提及，以防因为某些信息影响到比赛的公平性，例如某些眼位的设置、阵型站位等。即使因为现场效果必须要在解说过程中提及相关内容时，也尽可能地通过修饰和词语替换来表述。

电子竞技比赛不可断点、不可重复的特性让解说过程更加紧张、更加刺激，但直播却总是给人意想不到的状况。这时候，电子竞技解说员就要沉着冷静，迅速明白事态并判断其严重性，然后做出正确的决策。

# 第六章
# 电子竞技游戏解说体系

## 第一节　多人在线战术竞技类游戏

### 一、主流多人在线战术竞技类游戏的竞赛规则及竞赛方式

多人在线战术竞技类（Multiplayer Online Battle Arena，简称 MOBA）游戏，源自即时战略类游戏。在 MOBA 类游戏中，玩家被分为两队，通常每个玩家只能控制其中一队中的一名角色，以摧毁对方队伍的主基地为胜利条件。

这类游戏的起源可以追溯到几十年前，最早的即时战略类游戏之一是 1989 年的由世嘉（Sega）发行的《离子战机》（HerzogZwei），它被认为是 MOBA 流派的早期代表。《离子战机》使用与 MOBA 流派相似的机制，即玩家在战场上分属两个对立方，且每个玩家只能操控一个单元。

1998 年，暴雪娱乐发布了畅销的即时战略类游戏《星际争霸》，该公司第一次在游戏中推出了一套名为 StarEdit 的地图编辑器。这款地图编辑器允许玩家自行设计和创建自定义地图，并且可以使用与普通地图不同的玩法。利用这款地图编辑器，当时有一位叫做 Aeon64 的玩家制作出一张名为 Aeon of Strife 的自定义地图，这张地图很受欢迎。在这个自定义地图中，玩家们可以控制一个强大的英雄单位进行作战，地图中有 3 条兵线，并且连接双方主基地，获胜的目标就是摧毁对方主基地，这就是所有 MOBA 类游戏的雏形。而今天在电子竞技中所提到的 MOBA 类游戏，也都来源于此。

#### （一）主流多人在线战术竞技类游戏的竞赛规则

一般情况下，对战双方最少各需要 5 名玩家，每名玩家以合乎竞赛公平性原则规定的电子竞技设备操控一个英雄单位进行作战。其中，玩家可以选择击杀人工智能单位、摧毁敌方建筑单位或击杀敌方英雄单位获得经济优势，从而取得装备优势，也可以采用相应的游戏战术来取得团队优势，并且以摧毁敌方的主基地为胜利条件。

以上是获得胜利的先决条件，其他规则根据赛事类别及赛事组委会的要求略有不同。例如，在《DOTA2》中，由于游戏的机制和公平性原则，游戏往往会对每个队伍中物品的拥有和物品的共享做一定的限制，而对玩家是否通过不正当手段取得优势也有相关的详细规定；而在《英雄联盟》中，会明确规定什么情况下可以禁止使用某位英雄，以及何时需要重新开始一场游戏。

#### （二）主流多人在线战术竞技类游戏的竞赛方式

在主流 MOBA 类游戏中，玩家通常会扮演特定的角色，如主力输出（Carry）、辅助

（Support）、游走（Ganker）、坦克（Tank）等，这些角色的数量及类型往往会随着战术及游戏类型不同的需求而发生改变。

主力输出需要对敌方的角色和目标造成最大的伤害，但是这也需要团队成员的保护和协助。辅助是协助整个团队的角色，往往需要保护队友，对敌方角色造成控制或负面影响；有一些辅助拥有治疗己方角色的能力，这在战斗中非常有利。游走是非常灵活的，他们拥有造成伤害和提供辅助的双重能力，这会让己方的队友处于相对敌方来说更为优势的对抗形势，他们可以根据队伍的需要选择扮演输出、辅助或坦克的角色。坦克需要为队伍承担来自敌方角色的伤害，一般的坦克角色具有高护甲和高生命值，同时也具备对敌方角色造成控制或负面影响的能力。

随着每个队伍的英雄变得强大起来，他们可以选择多种不同的策略来取得优势。这些策略包括保护目标、击杀敌方英雄单位、摧毁敌方建筑单位和击杀人工智能单位来获得金币优势。金币可以被用来购买不同的物品供英雄使用，这些物品的价格及影响力各不相同。在大多数情况下，这些物品可以提高英雄的战斗能力，有些物品会通过诸如回复能力、承伤能力、推塔能力等其他形式为己方队伍或英雄带来有益的影响，而有些物品会给敌方队伍或英雄造成负面影响。

通常，每个队伍都会拥有一些防御工事以保护主基地，这些防御工事以自动的"岗哨炮"形式存在，会在一定条件下有规则地产生攻击行为。除防御工事和主基地之外，游戏里还会存在一些相对较弱的计算机控制单位，它们会定时地产生一定数量的人工智能单位，这些人工智能单位会沿着既定的路径向对方的基地行进。而以上所提到的防御工事和计算机控制单位，我们把它们统称为建筑单位。

玩家也可以根据他们所擅长的特定区域来分类，如上路、中路、下路、野区。一个基地到另一个基地的主要途径由三条"通道"组成，这三条"通道"就是我们常说的上路、中路、下路，在"通道"之外是未知的区域，叫做"野区"，而在"野区"中，通常也会存在一些中立的人工智能单位。玩家可以通过击杀这些人工智能单位获得金币或其他于己方有利的影响或于敌方负面的影响。

综上所述，每个队伍都会利用多种策略来最终摧毁敌方的主基地，从而获得比赛的胜利。在这些策略之间，有英雄与英雄对战的影响所取得的优势；同样，通过击杀人工智能单位或其他方式取得优势的情况同样存在。对于一名合格的电子竞技解说员来说，分析这些策略的原因、阐明这些策略的目的、预测这些策略的影响及结果，都是丰富解说内容的必要选择。

接下来，本节内容会列举一些当今主流 MOBA 类游戏的特性，帮助大家更好地了解具体游戏中的解说方式。

## 二、主流多人在线战术竞技类游戏的竞技特点

### （一）《DOTA2》

2002 年，设计并制作《星际争霸》的游戏公司暴雪娱乐发布了另一款即时战略游戏——《魔兽争霸Ⅲ》。和《星际争霸》一样，这款游戏同样搭配有《魔兽争霸Ⅲ》世界编辑器，MOBA 类游戏和塔防游戏的子类型都在《魔兽争霸Ⅲ》的地图模块社区中形成了实质性的形态。2003 年，一位名叫 Eul 的地图设计者将 Aeon of Strife 地图转化到《魔兽争霸Ⅲ》

中，这张新的地图被称作 DOTA（Defenseofthe Ancients）。相比原始的 Aeon Of Strife 地图，Eul 大大提高了游戏的复杂性。随后的一段时间里，经过 Meian、Guinsoo、Neichus、IceFrog 等地图设计者们的努力和创作，DOTA 地图受到了玩家们极大的欢迎，游戏的复杂性也得到了更大的提升。

其中，值得一提的是，IceFrog 对 DOTA 地图机制做出的巨大改变和革新使得这张地图在当时的"DOTA：Allstars 论坛"中赢得超过 100 万粉丝的青睐。DOTA 地图的巨大成功也促使他在 2009 年于维尔福公司创作 DOTA 地图的续集——《DOTA2》。

正是因为《DOTA2》可玩性大、产品质量高，以及对前作的良好延续，所以它受到了《DOTA》玩家的一致好评，但它也以较为复杂的上手难度受到一些诟病。

《DOTA2》是一款多人在线竞技类游戏，基于 3D 图形环境，以高空视角显示游戏画面。《DOTA2》分为两个阵营进行对抗，分别是天辉和夜魇。两支队伍各有五名队员，他们分别控制官方发布的众多英雄单位的其中一个，每位英雄都有其独特的技能和操作体系，这些英雄通过积累经验来提升等级，每提升一个等级，玩家就可以解锁一个新技能、加强原有技能。提升到特定等级时，可以选择天赋。每名英雄的战斗方式取决于他们的初始属性，即力量、敏捷和智力。玩家通过摧毁敌方的"遗迹"获得比赛胜利。

《DOTA2》中每个英雄拥有 6 个道具栏，可以携带 6 件物品。每个英雄也拥有一个背包，背包中可以携带 3 件物品，但无法主动激活，也不提供任何加成效果，不过可以合成，也可以在物品冷却时间下将背包和物品栏的物品进行交换。

在《DOTA2》的比赛中，人们往往会将赛场中五位选手所控制的英雄单位，因定位的不同分为五个角色：1 号位、2 号位、3 号位、4 号位、5 号位。

通俗地来说，1 号位需要由最有发展潜力的英雄单位来担当。同样，在团队中，对敌方目标和角色造成最大伤害的也是 1 号位。在地图资源及金钱资源的分配上，往往也需要向 1 号位倾斜，以图形成优势的最大化。由于 1 号位的后期定位是主力输出，基于竞技公平性的原则，在游戏前期及中期的等级和装备积累阶段，一般 1 号位会显得不具备相应的战斗力，在这个时候就需要队伍的其他角色为 1 号位创造一定的积累等级和装备的时间及空间。例如，让 1 号位前往己方队伍最为优势的一路、让 1 号位尽量单人占据人工智能单位的经验及收益等。在《DOTA2》中，代表型的 1 号位英雄单位有流浪剑客、敌法师等。

一般情况下，承担 2 号位的英雄单位不需要特别强大的装备优势支撑，单凭技能的特性就可以在前中期对敌方目标和角色造成一定的伤害及威胁。同样的，基于竞技公平性的原则，2 号位的英雄单位在游戏后期获得的装备收益往往不及 1 号位英雄单位的收益明显。2 号位的存在是为了让队伍在游戏的前中期有一定的对抗能力抢夺地图资源，以帮助队伍建立优势，所以承担 2 号位的英雄单位也具有在游戏前中期提供控制、输出伤害或快速摧毁敌方单位的能力。2 号位的英雄单位通常处于地图上的中路，利用对地图的控制来防备游走、创造优势。在《DOTA2》中，代表型的 2 号位英雄单位有冥界亚龙、死亡先知等。

承担 3 号位的英雄单位往往生存能力较强，具有逃生或提供控制的能力，同时具备一定的成长性，拥有少量关键装备就可以对双方对抗结果产生一定的影响。在地图中也一般出现在对线较为劣势的一路，与敌方的 1 号位甚至两到三位敌方英雄单位对抗。在这样的情况下，承担 3 号位的英雄单位需要做到的是顶住线上的压力，尽量积累经验及装备，为己方队伍在游戏后期的对抗中提供一定的支持，在后期没有装备优势的情况下，凭借技能和关键装备为己方队伍打开局面。在做到这些之余，3 号位还要对敌方 1 号位的发育进行一定的干扰。在《DOTA2》中，代表型的 3 号位英雄单位有司夜刺客、斧王等。

4 号位是一个队伍中承担辅助或游走功能的角色，不占据任何一路的经验及金币，一般是在野区进行经验及装备累积，配合 1 号位、2 号位击杀敌方英雄单位、摧毁敌方建筑单位或对敌方英雄单位进行干扰。由于角色定位，承担 4 号位的英雄单位往往会比 5 号位拥有更多装备上的优势，同时具有一定的控制和游走能力，会为队伍在游戏后期的对抗提供帮助，如为 1 号位、2 号位创造伤害输出的空间或对敌方队伍输出伤害。在《DOTA2》中，代表型的 4 号位英雄单位有上古巨神、发条技师等。

5 号位作为辅助角色，在游戏中一般不占用队伍的资源，同时还需要购买共享装备。所以承担 5 号位的英雄单位往往不需要其他装备上的优势，拥有一定的等级就可以发挥自己的作用，如技能伤害、提供控制、为队伍承担伤害等。作为 5 号位，他们通常需要牺牲自己的等级提升来帮助队伍其他位置得到更好的发育，甚至要吸引敌方的注意力为己方队伍争取发育时间和空间，例如暗影萨满、复仇之魂等。

在《DOTA2》的职业赛场上，物品和英雄单位的选择往往可以在一定程度上决定一场比赛的走向，而物品繁杂程度和英雄单位技能组合的复杂程度都使得《DOTA2》的赛场具有非常多样的形势变化，这也就决定了我们在进行解说工作时要根据场上的形势做出及时的反应，不仅仅是针对目前场上所发生的情况，包括比赛中发生形势变化时电子竞技选手的心理状态和其他因素的影响，这些都要作为参考条件。

除物品及英雄单位外，《DOTA2》丰富的地图资源也是决定双方队伍优、劣势的重中之重，很多战术都围绕着地图资源的争夺展开，包括中立生物、人工智能单位的争夺。这些博弈往往在比赛开始的选人和禁用英雄中就埋下了伏笔。作为一名电子竞技解说员，充分了解《DOTA2》中每一个中立单位的特性及获得中立单位带给双方队伍的影响是非常必要的，这会决定我们能否根据场上形势做出正确的判断，包括对战术博弈的敏感性和对局势分析的前瞻性。

（二）《英雄联盟》

《英雄联盟》是一款广受欢迎的多人在线战术竞技类游戏，由美国拳头游戏公司（Riot Games）开发，腾讯运营。在 2006 年，Brandon "Ryze" back（瑞兹）和 Marc "Tryndamere" Merrill（泰达米尔）创立独立工作室 Riot Games，他们与《魔兽争霸Ⅲ：冰封王座》内的 DOTA 地图原设计师 Guinsoo 和 DOTA 网站管理者 Pendragon 共同开发了《英雄联盟》，并大幅扩增了英雄数量和原创要素，之后，很多创意及游戏方面的人才加入了拳头游戏团队，推动了《英雄联盟》的创新和发展。

虽然《英雄联盟》继承了《DOTA》的游戏模式，但是拳头游戏公司并不希望《英雄联盟》是另一个《DOTA》，而是一个独立的游戏。通过对背景故事的设定与构建，随着对英雄的不断创新和丰富，《英雄联盟》成为了《DOTA》这一游戏类型的知名继承者。

在《英雄联盟》的对抗中，玩家可以自由选择控制一个英雄单位，通过击杀中立生物或人工智能单位、计算机控制单位、敌方英雄单位来获得经验点，经验可以用于等级的提升。《英雄联盟》中英雄单位的最高等级为 18 级，每提升一级，玩家都可以选择解锁或提升英雄单位的技能。与主流 MOBA 类游戏相同的，击杀这些中立生物或人工智能单位、计算机控制单位、敌方英雄单位都可以获得金钱，金钱可以用来购买装备，使己方英雄单位或队伍取得优势。《英雄联盟》以摧毁对方的主要基地"水晶枢纽"为胜利条件。

与《DOTA2》中的"遗迹"相同，"水晶枢纽"也会不断地创造人工智能单位"小兵"。但与《DOTA2》中不同的是，最后输出伤害击杀己方"小兵"的敌方英雄才会获得金钱与经验，而己方英雄单位是不可以对己方的"小兵"及其他单位造成伤害的。

《英雄联盟》中的每个英雄单位都具有 6 个物品栏、1 个饰品栏，饰品栏中只可以携带饰品道具。值得一提的是，除装备外，《英雄联盟》中的英雄单位还具有两个主动的召唤师技能。

在《英雄联盟》的比赛中，以英雄单位的团队定位一般可以将英雄单位分为六大类：射手、法师、刺客、坦克、战士、辅助。

射手俗称 AD 或 ADC，是一个队伍中提供主要远程物理伤害的英雄单位，这些英雄单位一般能够持续地提供输出而不是爆发输出，这些物理伤害也可以作用于敌方的防御塔及其他建筑单位。由于竞技公平性的规则，这些英雄单位的防御能力偏低，容易受到敌方英雄单位的针对，所以在一般情况下会跟辅助进行组合以渡过游戏的前期。在《英雄联盟》中，典型的射手英雄有艾希、凯瑟琳等。

法师，一般称为 AP 或 APC，具有强大的魔法伤害技能，可以在短时间内提供爆发输出，但有一些法师也可以提供长期持续的魔法输出，它们的魔法伤害不可以作用于敌方的防御塔及其他建筑单位。爆发性的法师和刺客的界限较为模糊，所以法师和刺客是出现在中路的常客。在《英雄联盟》中，典型的法师英雄有瑞兹、发条魔灵等。

刺客是迅速击杀敌方英雄单位的角色，刺客往往具有强大的移动能力和移动技能，同时依赖自身在短时间可以提供高额的瞬间伤害的特性，击杀敌方的法师和射手。在竞技公平性的原则下，在结束伤害输出后，刺客角色往往会有一段时间的"空档期"。《英雄联盟》典型刺客英雄如卡特琳娜、劫、泰隆等。

坦克是由拥有高生命值和高防御能力的英雄单位担任，它们提供伤害的能力往往偏低，但一般拥有控场和打乱敌方战斗阵型的技能，在战斗中可以利用如迫使敌方攻击自身或降低敌方主要输出英雄单位的输出的能力来帮助己方队伍取得优势。在《英雄联盟》中，典型的坦克英雄有拉莫斯、墨菲特等。

战士是介于刺客和坦克之间的角色，它们相比刺客拥有更高的生命值，相比坦克有更高的输出伤害的能力。但换句话说，它们相比刺客而言，伤害能力偏低，相比坦克而言，防御能力偏低。在《英雄联盟》中，典型的战士英雄有雷克塞、孙悟空等。

辅助在游戏前期一般与射手角色组合，它们通过治疗队友、牵制敌方角色等方式来为己方队伍提供帮助。辅助的另一个重要作用是为己方队伍创造更大的地图视野，这会帮助己方队伍在野区的资源争夺中获得更大的优势。在《英雄联盟》中，典型的辅助英雄有锤石、风女等。

以上六个角色分类只是一般情况下英雄在游戏中的分类，不同的装备会为英雄单位赋予不同的能力，有些英雄单位原本具有的技能和特性也会随着装备的变化产生不同的增益。在《英雄联盟》的地图中，中立生物和人工智能单位所提供的增益也是不可忽视的，所以两支队伍往往需要通过关键时间点的主要输出角色的装备积累来争夺地图中的资源。

作为一名《英雄联盟》解说员，对地图中关键时间节点所要产生的资源争夺要有充分的了解，对支撑这些争夺所需要的关键英雄单位装备也需要特别的关注，因为这些资源有一部分会为己方队伍创造优势，而有些资源则会很大程度上决定一场比赛的胜负。在《英雄联盟》职业赛场中，如果主要角色还没有足够的金钱购买关键装备或关键技能还在冷却中，那么该队伍大概率会放弃通过直接战斗争夺该时间点的地图资源，或者选择通过其他战术的安排来避免己方队伍的损失。对于解说员来说，注意类似这样的信息更有助于对局势的预测。

### 三、主流多人在线战术竞技类游戏的解说方式

在对主流多人在线战术竞技类游戏的一些竞赛方式和竞技特点进行了解之后，根据不同的游戏进行不同类型解说方式的练习就显得尤为必要。

#### （一）《DOTA2》

在第六届 DOTA2 国际邀请赛总决赛 Wings 战队对阵 DC 战队的最后一场比赛开始后，还未进入到正式对抗阶段的 BP 阶段，官方解说员在 Wings 战队进行禁用第二个英雄时，说出了 Wings 战队禁用兽王的原因：DC 战队中的 Moo 对兽王的熟练程度和理解程度非常高。这在《DOTA2》解说员的表达中十分普遍，在比赛开始挑选和禁用英雄时，禁用对方战队选手擅长的英雄单位是一个常见的情况，而作为解说员，在充分了解选手的情况下做一些有关擅长英雄单位的禁用预测是十分恰当的。

"我们看这边 Wings Ban 什么。"

"还是 Ban 掉小黑，小黑是不放的。"

"一直在 Ban 对面的兽王，兽王也是 Moo 用得比较顺手的英雄。"

接下来，DC 战队禁用的第二个英雄是虚空，而解说员在这个时候的预测和说明都非常合理。

"我在想一个问题，DC 这一手是不是不 Ban 虚空。"

"Ban 了。"

"不 Ban 虚空的情况下，转过来拿神谕加炼金，他们是有这个打法的，如果不 Ban 的话。"

"其实 Wings 是一个炼金队，他们应该知道怎么打炼金的吧。"

"DC 也是一个神谕队啊，这一手神谕它们会点的。"

通过禁用英雄打破对方体系或通过放出当前版本下比较利于发挥的英雄来达到自己的战术目的也是影响比赛结果的关键因素之一。

接下来，Wings 战队的选择开始围绕着己方队伍擅长的体系所需要英雄单位来进行，而解说员对于不同队伍擅长体系的解读就帮助观众更好明白这一环节的选人博弈。

"Wings 选下一手大牛。"

"这边的话神谕这手 DC 应该会选，它们的神谕就没输过几场。"

"我印象中 Wings 选到大牛的胜率非常高。"

"Wings 在国内大牛的胜率就非常高。"

"大牛也可以遏制对方后期英雄。"

在以往的比赛中，队伍在选择某些英雄单位后所获得的高胜率也是《DOTA2》解说员需要考虑的因素之一。在决定性的赛事中，队伍往往会更偏向选择曾经为自己带来更高胜率的英雄单位，原因就是队伍中的选手对这类英雄单位的接纳程度和技能配合程度相对来说都更为容易。

DC 战队下一步的选择就更为实际，因为月之女祭司这个英雄单位如果被 Wings 战队选择，自己很难针对和处理，所以用己方队伍选择的方式来解决这种问题，这样的情况在职业赛场上也会经常发生。解说员此时介绍了 DC 战队可能会做出的几种选择，包括 DC 战队擅长的体系、想要解决的强势英雄单位。

"DC 可能想拿神谕加炼金。"

"月之女祭司给对面拿到的话非常难受，所以自己锁下来了。"

"一手大哥，最好点个酱油，这是正常方式。"

"DC 拿伐木机，对自己的自信。"

此时解说员为观众介绍了常规情况下前两个位置的选择情况，以上是一段在职业选手思考的过程中非常实用的解说过渡语言，而 Wings 战队接下来的选择是之前说到过的情况，是为了更方便地对抗敌方队伍所选择的英雄体系。

"一般第一、二手选择会考虑很久，锁下了蝙蝠。"

"蝙蝠打这两个好打。"

接下来，战队选择英雄单位的博弈情况基本围绕着上述我们谈到的情况进行。在选人和禁用阶段，牢记《DOTA2》中所涉及的英雄单位之间的克制关系、英雄单位体系之间的技能联系、双方队伍的擅长体系及某些特定英雄单位使用的熟练程度，是决定解说内容是否丰富的关键所在。

接下来的内容将会继续列举一些在该场比赛中选人阶段的一些解说片段，可以根据这些摘选和上述我们提到的解说方式进行联系和拓展。

"（DC）Ban 了剑圣。"

"Wings Ban 了神谕。"

"限制蝙蝠拉人的有几个，复仇之魂、萨尔。"

"DC Ban 了卡尔。"

"Wings Ban 船长。"

"DC 现在需要小控制和先手为 1 号位提供空间。"

"Wings 需要爆发，他们算是有先手。"

"DC 比较纠结，VS 算是可以百搭的。"

"但是它这次的 Ti 出场率挺低的。"

"Wings 这边光法，三个爆发不高但持续伤害高，让伐木机难受。"

"DC 选择了小鱼，这三个主要位置都是他们玩得比较多的。"

"现在 DC 还差辅助。"

"Wings 选了敌法师，他们现在其实控制很少，敌法师难打伐木机，水人更好。"

"DC 缺控制和先手，靠 VS 先手不合适，反手更好。"

"Wings 选了斧王，跟光法走一路。"

"逼迫分路，使自己对线优势，DC 现在不好分路。"

"DC 选择了暗夜魔王。"

"多核体系。"

在选人阶段结束后，比赛正式进入双方对抗阶段，而这些对抗在不同的游戏时间点会以不同的形式存在。

在游戏的前期阶段，解说员对于本场比赛对于双方队伍的重要性及意义往往会做一个简单的说明。例如，一路从败者组打上来的 DC 战队现在面临着的比赛性质（是否被淘汰）、小鱼人这个英雄单位对于 DC 战队的意义，以及 Wings 战队所选择的战术体系的渊源。

"小鱼人这个英雄其实在 DC 打败强大的 EG 时候也拿出来了。"

"现在 DC 站在悬崖边上，没人想到他们可以走这么久。"

这些在比赛还未进入对抗阶段的解说内容，往往会渲染现场的气氛及比赛的紧张氛围，两支队伍的对抗历史、渊源，甚至某队伍选择某个英雄单位的趣闻都可以作为电子竞技解说员在解说比赛的过程中提及的内容。

接下来比赛进入到双方间接对抗的时间点，在两支队伍还没有进行直接接触时，地图上一些不需要付出代价就可以获得的资源就成为了队伍战术布置中的争夺点。而对于优、劣势路线上英雄单位的分配也会影响到接下来一段时间内比赛的走势。

"这一次 Wings 拿出来颇具中国气息的敌法师体系。"

"下路保护斧王拿到第一个赏金符。"

"选择中路让斧王来打小鱼人。"

"斧王克制小鱼。"

"敌法师带着光法来到了劣势路。"

在结束了对分路的介绍，比赛就来到了双方直接对抗的节点。而直接对抗的前期爆发的击杀和一些对线优、劣势情况在未来将会产生怎样的影响是解说员在此刻所需要阐明的。

"上路爆发击杀，夜魔慢了一拍。"

……

"Moo 的伐木机其实还是可以强行补刀的。"

……

"小鱼人被冲塔强杀。"

……

"从小组赛开始，这个 3 号位选手奉献了多次精彩的发挥。"

……

"如果斧王对线持续优势，早早做出先锋盾的话，对中期的影响是很大的。"

……

"小鱼人是 DC 战队获胜的法宝，这次换人使用如果胜利了可以说它是获胜的法宝，如果失败了那就是不信任啊。"

……

"现在双方对野区的资源利用都比较多。"

……

在了解了《DOTA2》的游戏特性后，我们可以知道，承担 3 号位的英雄单位需要在游戏中期起到推进节奏的作用，那么在前期不占用团队已有资源，仅依靠个人的精彩发挥取得优势的情况下，3 号位在游戏中期的作用就会更加明显。而类似这样的内容在解说的过程中也要着重强调，因为任何决定游戏未来走势的因素都需要解说员向观众做及时的说明。

由于对线取得的优势，斧王在面临 Gank 时可以直接选择反杀，这是建立在前期解说员对于形势的准确预测基础上所发生的可预见的情况。

"夜魔还 Gank 斧王，简直自寻死路。"

"这两个人的伤害根本不够啊。"

"这气势太足了！"

"斧王吼住，直接将夜魔反杀。"

在小规模的战斗对抗中，英雄单位在对线期间所取得的优势决定了对抗的结果，而对抗结果又会导致一系列后续的比赛走势。但值得注意的是，比赛中的地图视野控制及支援时间的选择也是影响比赛走势的原因。

在对抗稍显平稳的阶段，对经济面板的解读是选择之一。

"现在可以看下经济的情况。"

……

"蝙蝠还是混得很成功啊！经济排到了第四名。"

……

"夜魔到处游走，但是并不敢骚扰发育较好的蝙蝠。"

……

"蝙蝠被秒，DC 对上路视野做得非常充足，掌握了蝙蝠的路径。"

……

"小鱼人成功游走拿到了人头。"

"我觉得斧王这个阶段并不着急打游走啊。"

……

"幸亏斧王没死，不然就会进入伐木机的中期节奏。"

"斧王要抓紧出跳刀。DC 战队双核领先，开始准备进入中期阶段了。"

在小规模的直接对抗之后，当双方队伍因争夺某些地图资源需要进行 5V5 团队对抗时，关键角色的关键作用就需要解说员来进行分析和解读，当然在这个过程中也要兼顾关键技能命中所起到的作用。

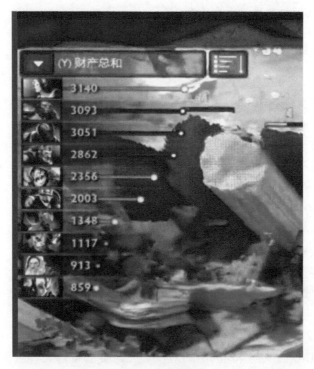

各英雄经济面板

"Wings 在这里守这个塔是可以的，但是没有真眼。"

……

"DC 摸进来，直接开，控住了斧王，我们来看一下蝙蝠在哪里，蝙蝠在往这边赶。"

……

"蝙蝠还没到，中期的这波团战对 Wings 非常不妙。"

……

在一场团战开始之前，所有有可能对团战走向产生影响的因素，解说员也同样要注意到。视野对于一次团战的影响是十分明显的，而在所有团战中，多打少的优势是尤为突出的，所以在描述关键角色状态的同时也要兼顾队伍中其他角色的位置。

同样的，团战后获得收益的队伍如何扩大收益，在这一次对抗中处于下风的队伍选择如何止损，也需要解说员针对场上选手的选择做一些简单的预测。

"DC 节奏起飞，中期阶段团队经济疯狂上扬。"

……

"Wings 中期 1 号位是没有优势输出的。"

……

"不断尝试消耗敌法师的状态。"

……

"想要动斧王，没有找到机会。"

……

"上路，Wings 找到机会击杀月之女祭司。"

......

"月之女祭司连续两拨被突破，DC 葬送了节奏。"

......

可以看到，在扩大优势或缩小劣势的过程中，队伍所做出的选择往往会产生不同的结果，而这些结果会同时为双方创造不同的机会。

在整个比赛的进程中，小规模的对抗和大规模的团战构成了左右地图资源分配的两个大的因素，而解说员对于这两个因素所造成后果的分析和预测也可以帮助观众更好地理解两支队伍的处境和下一步的选择。

综合以上对《DOTA2》经典比赛的片段分析，相信大家能够对《DOTA2》比赛进程中部分重要的时间节点所应该选择的解说内容有大概的了解。不断地丰富自己对所解说游戏战术的积累和信息的获取，是增强解说能力的重要途径。而在解说经验相对不那么丰富的情况下，按照一定的顺序进行内容的处理会让自己的表达显得更有逻辑和层次，也会对受众的观赛体验起到一定的修饰作用。

### （二）《英雄联盟》

2018 年英雄联盟季中邀请赛中，RNG 战队的上佳表现为其赢得了众多粉丝的青睐，总决赛的最后一局是 RNG 战队与 KZ 战队的对决。在比赛准备选人和禁用的过程之前，解说对于气氛的渲染无疑也为这场比赛赋予了更多的意义，而这些历史交手记录同样来源于解说员长时间的积累。

在选人和禁用阶段，KZ 战队选择禁用了对方队伍的擅用英雄。其中，伊泽瑞尔是在对线过程中面对 KZ 战队想要选择的体系下不会落下风的英雄单位。所以此时的解说员围绕 RNG 战队所想要选择的体系展开解说。

"果然，KZ 战队想通了，Ban 掉了伊泽瑞尔和吸血鬼。"

"KZ 拿了霞洛组合，那 RNG 拿卡莎啊。"

卡莎是 RNG 战队特别擅长使用的英雄单位和体系的组成角色，而第二顺位所选择的蝎子同样是选手非常擅长使用的英雄单位。在选人和禁用的过程中，我们要注意解说内容中的英雄单位往往有以下几类：

1）由于游戏版本变更具有优势技能的英雄单位。

2）队伍中某位选手特别擅长使用的英雄单位。

3）队伍中使用胜率非常高的英雄单位。

4）可以形成符合版本优势概念的英雄组合的英雄单位。

在双方队伍选择第三、四个顺位的英雄时，解说员需要根据禁用英雄的数量考虑到所选择角色优势英雄单位的数量。

"最后竟然选了维克兹，克制短手阵容的维克兹。"

"他们的 BP 思路完全围绕线上，如果失去太多了地图资源就很难打。"

"RNG 可以选择直接突进去打。"

当双方阵容确定，英雄单位选择就可以体现出每支队伍所预想的最佳情况。一般来说，战术体系会有一个大的方向，例如尽量寻求前期小规模的对抗以获得更多的地图资源，或者尽量进行后期的大规模团战以直接获得比赛的优势，而这些内容需要解说员在双方确定阵容到开始线上对抗的这段时间里进行说明。

随着对线期的展开，每条路线的英雄单位克制关系和选手的个人实力就会展露出一定的影响，而召唤师技能的选择也是队伍战术选择的体现。解说员对每一个召唤师技能做出一定的解释也是有必要的，召唤师技能往往可以限制敌方队伍关键位置的伤害输出，或者可以为己方队伍提供相应的帮助。

"下半部没有视野，要注意奥拉夫的位置。"
"Ming 这场比赛带的虚弱，这也就意味着 RNG 前期的策略是避免对抗。"

平稳的对线期中，可以决定接下来比赛节奏变化的因素往往是对地图视野的掌握、地图资源的优先级、个人对兵线的控制和对游走角色的防范，这些因素可能会改变一条路线上对线的优、劣势情况，甚至改变整个比赛接下来的走向。这也是解说员需要注意的几点，在上帝视角中找到可能会带来隐患的元素并做出预测。

"蝎子来到上路，趁着俄洛依 6 级之前可以打。"
"6 级前的这段时间特别关键，6 级之后就没办法再来 Gank 了。"

这是在赛场上容易发生的一个因素，即当敌方队伍中存在需要时间成长的英雄单位，而这个英雄单位在地图视野的掌握中出现了失误或失去了用以逃生的召唤师技能，就很容易被游走角色击杀，而在产生击杀之后，由于该英雄单位失去了获得经验的兵线，所以往往会被频繁地 Gank。作为解说员，阐明此时发生这样击杀的原因，同时对线上对抗的影响进行一定的说明，也是非常必要的。

"这时候配合拿峡谷先锋，要做好视野。"
"被发现了。RNG 要避免这种野区的小规模团。"

通过一定的视野优势来夺取地图资源也是在不爆发直接对抗的情况下获得团队经济优势的一个选择，而针对地图资源和各自英雄体系强势时间点的权衡判断所做出的决定也可以作为解说的内容。

在不爆发直接对抗的情况下，做好关键地图资源的视野防守是双方队伍过渡发育时期的选择之一，而解说员根据双方队伍中每位选手的视野习惯也可以做一些适当的预测，这些预测可以使受众更加清晰地理解队伍选择夺取地图资源的时间点。

"中期还是要小心，中期对面的对线强势阵容还是挺厉害的。"
"其实可以留着这个召唤师技能。"
"玛尔扎哈其实非常依赖这个召唤师技能。"

在面对敌方队伍针对的情况下，选手往往会因为想要降低损失而做出及时止损的行为，而这样的行为导致的结果各不相同，解说员也可以尝试对于这种情况进行一定的解读。

在自己所控制的英雄单位将要被击杀的时候，职业选手要在非常短的时间内对双方兵线位置、地图资源、装备情况进行评估，用以判断付出怎样的代价来逃脱。解说员在这种情况下要利用自己上帝视角的优势，为受众及时说明选手所做出的决定会导致怎样的后果。

在某些重要地图资源争夺之前，双方的重要伤害输出位置都会等待各自的关键技能处于可以使用的状态，包括装备。而这些信息也需要解说员及时注意，因为在一场比赛中，决定性的地图资源一旦产生归属，那么大概率预示着比赛的终结。

"玛尔扎哈闪现控住 AD，卡莎进场，秒掉了！"

越在关键的时刻越要牢记为取得优势或胜利所应该执行的战术，在意识到敌方队伍主要伤害输出位置没有逃生技能后决定直接付出大的代价进行击杀，这是在职业选手分析了具体数据后所做出的决定。作为解说员，面临这种情况时需要用情绪带动内容的表达，因为职业赛场上每一个决定所带来的连锁反应有多种可能，而这样看似冒险的行为往往会让受众处于同样的感受。

综合两款具有代表性的主流 MOBA 类游戏的竞赛方式和竞技特点，通过对游戏的深入理解和钻研，可以得出一系列在不同时间点内进行不同解说内容的规则设置，而这些规则设置是为了更好地理解双方队伍为获得最终胜利而采取的战术博弈，同时在双方队伍进行不同程度的对抗时可以让受众更加清晰地了解到，胜利或失败方所做决定的原因及将会导致的结果。理解规则设置，这是作为一个电子竞技解说员应该达到的基本要求。

除此之外，MOBA 类游戏的竞技特点也对解说员提出了更高的要求。不同游戏内英雄单位属性及技能的不同、英雄体系的不同、战术的不同，不同游戏为保持竞争力和完善公平竞赛原则所做的持续更新，乃至队伍中选手个人信息的快速更迭，这些内容都需要解说员时刻跟进和了解。

## 第二节　第一人称射击类游戏

### 一、主流第一人称射击类游戏的竞赛规则及竞赛方式

第一人称射击类游戏（First-Person Shooter，简称 FPS），是以玩家的第一人称视角作为主视角，通常需要使用枪械或其他武器进行战斗的电子竞技游戏的统称。但随着游戏工业的不断进步和发展，玩家可以直接从某一固定角色的第一视角观察周围环境，利用符合规定的电子竞技设备操作武器进行射击等活动，以完成游戏规定的最终任务为胜利条件的，都可以归为此类。

这类游戏的起源可以追溯到 1973 年发行的《迷宫战争》（Maze War）和 1974 年发行的《太空模拟》（Spasim）。后来，在 1987 年《MIDI 迷宫》等更有趣的游戏出现之后，1992 年发行的《德军总部 3D》（Wolfenstein 3D）基于上述创意形成了一种更丰富的玩法，而这种玩法所呈现的形式也被广泛地认为是后续 FPS 类游戏的基本原型。之后，在 1993 年发售的《毁灭战士》（Doom）则是 FPS 类游戏历史中非常知名的一款作品，它所造成的影响力使得后来多年间发行的 FPS 类游戏都被统称为"类毁灭战士"游戏。1998 年，《半条命》的出现标志着 FPS 类游戏不再局限于单纯的射击体验，而具备了更多的剧情和解谜成分。1999年，以《半条命》作为模组的《反恐精英》面世，这是第一人称射击类游戏史上的一部里程碑式的作品，它也成为了最具有影响力的第一人称射击类游戏之一。

像大多数射击类游戏一样，FPS 类游戏涉及化身，一种或多种远程、近战武器以及不同

数量的敌人。由于它们发生在 3D 环境中，所以会具有更加精确的声音、光照、碰撞提示，在电脑端的 FPS 类游戏由键盘和鼠标组合控制。

在目前的电子竞技行业中，人们一般认为 FPS 类游戏分为封闭型游戏和沙盒型游戏两个种类。

封闭型的特点是游戏地图较为简单，拥有固定的边界，玩家一般在固定边界的区域内进行竞技，相应的，游戏内的物体和供玩家行动的路线也较为固定。代表游戏有《反恐精英》《使命召唤》等。

沙盒型的游戏地图则不会设置一个明确的边界，玩家可以通过多种方式进行战术博弈，而地图中也不会设置固定的路线，物体的种类和功能也较为多样。代表游戏有《绝地求生》《战地》《H1Z1》等。

（一）主流第一人称射击类游戏的竞赛规则

简单地说，FPS 类游戏是玩家通过符合规定的电子竞技设备控制一个角色单位，且利用该角色的第一视角来进行运动及交火以达到该游戏设定的任务目标从而获得胜利的竞技游戏。而根据不同游戏的具体要求，竞赛规则也会略显不同，但这些要求的存在是为了确保赛事的公平进行。

例如，不同的游戏对胜利的条件会有不同的规定。大多数的封闭型游戏分为防守方和进攻方，防守方的获胜条件是保卫己方的目标物或击败进攻方队伍的所有角色，进攻方的获胜条件是摧毁防守方的目标物或击败防守方队伍的所有角色。而沙盒型游戏往往会有多支队伍同场竞技，通过不断地交火和博弈，最后只有一支队伍可以取得胜利。无一例外的，这些竞技过程需要竞赛公平性的原则作为保障，尽量让双方处于同等获胜概率下进行公平对战是评价一个游戏是否能作为竞赛游戏的重要标准。

简单来说，FPS 类游戏专注于动作及快节奏、血腥的交火，通常会为玩家提供武器选择，一些武器具有实际或历史的武器模型，包括它们的射速、弹夹大小、弹药量、后坐力、精准度，而有些 FPS 类游戏则会自行创造一些富有想象力的武器变体，如外星场景的枪械、弩、激光、能量等形式。由于公平竞赛的原则，这些武器或武器变体的属性往往会根据所能获得收益的大小进行一定的风险设定。除了射击，近战格斗也可以广泛使用，在某些游戏中，近战武器特别强大，但同样的，玩家将角色操纵到敌方附近也非常危险。同时，很多 FPS 类游戏也为玩家提供防具，但这些防具往往需要付出代价来获得，防具的属性由具体设定决定。这些设定会在最大程度上保证竞赛的公平进行，同时，武器和武器变体及防具的选择也凸显了在 FPS 类游戏中对于战术合理运用的必要。

由于 FPS 类游戏对于获取收益所需要承担的风险会做出恰当的调整，所以在武器和武器变体及防具之外，玩家所操纵的角色属性也会有一些相应调整。例如，具备更强力攻击手段的角色往往也需要更精细复杂地操作，有效攻击距离长的角色往往对近战武器的抗性偏低等。在具体的赛事规则中，针对某些影响竞赛公平性的武器会做出一定的调整或限制。

当然，无论在任何赛事中出现的竞技规则都服务于竞技赛事的特性，即游戏基础数值的设定对于竞赛双方是完全公平的。

（二）主流第一人称射击类游戏的竞赛方式

主流 FPS 类游戏可能在结构上由不同的等级构成，或者采用连续的叙事技术，但游戏中玩家所处的视角始终不会离开第一视角。

这个游戏中的经典竞赛类型是死亡竞赛。在这种竞赛规则下，玩家通过击杀敌方角色或其他玩家的角色来获得积分或金币，而占领或防守目标物成功都会带来相应的奖励，甚至在一些比赛中，占领或防守目标物成功就意味着获得比赛的胜利。当然，在日常竞赛的过程中，获胜的标准由具体赛事的具体要求而定，但一般情况下要求玩家尽量击杀敌方角色或其他玩家的角色来作为提高比赛胜利几率的前提。由于这种竞赛类型所处的地图往往属于封闭型，所以这种形式的竞赛对玩家操控角色使用武器及武器变体进行攻击及防守的要求极高，需要利用已有的武器或其他武器变体为自身或己方队伍提供不仅限于侦察、掩护、击杀、补充伤害等帮助以取得比赛的胜利。

而其他的特色则包括我们前文提到过的沙盒型游戏环境，在这种环境中不分层次，玩家可以在地图中任意探索，在这种游戏类型的环境中，玩家通常在不同程度上需要与地图上所设置的物体互动，从使用门窗到各种交互式对象的基本操作，而装备和武器的获取也往往通过这种形式。在这些游戏中，玩家也可以在不同程度上破坏环境，如射击木桶使其爆炸、射击木门使子弹穿透伤害后方敌人。在这种类型的游戏中，获胜的条件一般是击杀其他队伍玩家所控制的角色或其他玩家所控制的角色。这样的游戏类型在如今也被称为"大逃杀"游戏。

综上所述，两种类型的 FPS 类游戏都是当今较为火热的竞技游戏，而对于一名该游戏的电子竞技解说员来说，最关键的就是在竞技过程中对每支队伍或每名选手所选择的战术，以及这个战术所承担的风险进行一定的解读与评估。在 FPS 类游戏里，地图所带来的战术选择倾向是十分明确的，对地图中所有关键物体的了解有助于我们更好地理解队伍或选手所采用的战术想要达到的意图。同样的，由于该游戏的特殊性，选手对某一种武器的熟练使用也是我们应该熟知的。为了让大家更好地理解 FPS 类游戏的设定，接下来列举两个典型的 FPS 类游戏。

## 二、主流第一人称射击类游戏的竞技特点

### （一）《反恐精英：全球攻势》

《反恐精英：全球攻势》（Counter-Strike：Global Offensive，简称 CS：GO）是由 Hidden Path Entertainment 和 Valve Corporation 开发的第一人称射击类游戏。它是 1999 年发布的 FPS 类游戏《Counter-Strike》的良好延续，虽然在游戏发布之初由于一些功能受到批评，但因其整体的玩法和对前作的完美继承广受欢迎。

这个游戏的主要特点，同时也是竞赛中通常选择的模式是：每一场比赛分为对阵双方，双方的任务是消除对方，同时也会完成单独的目标，一方队伍根据游戏的模式必须安放炸弹或保卫人质，而另一方队伍需要防止炸弹被安放、解除炸弹或拯救人质。当然，不同模式下进行的游戏所要求的胜利条件不尽相同，但会具备上述的某些特点。

每轮游戏结束时，双方选手都会凭借自己在游戏中的表现获得奖励，以便在下一轮次中取得更强大武器的购买资格，获得单轮比赛的胜利会得到奖励，而击杀敌方选手所操纵的角色等目标同样也会获得奖励。

在《CS：GO》中有五种可以购买的武器，其中四种为枪械，最后一种是投掷物品。四种枪械以功能分为步枪、冲锋枪、重型机枪和手枪，四种枪械的价格及能力成正比，而它们所具有的特点也不尽相同，包括压制、精度击杀、冲锋等。而投掷物品包括手榴弹、烟雾

弹、诱饵弹、闪光弹、燃烧弹。手榴弹会造成小半径范围内的伤害；烟雾弹会造成小半径范围内的迷雾；诱饵弹会模拟选手主要武器的声音，还会暴露选手的位置；闪光弹会造成小半径范围内的选手失去视角；燃烧弹会造成地图上的一个区域燃烧一段时间，在这个区域内的选手角色会持续受到伤害。

在《CS：GO》中，选手们在选择武器时往往会配合他们所要进行的战术布置，例如经常使用的一种战术策略——Rush。Rush 是指选手或选手所属队伍快速地进入地图上的某个阻塞点，阻塞点称为 A 点或 B 点，只有在这两个区域内一方队伍可以放置炸弹，同样的，另一方队伍可以在这个区域内拆除炸弹，所以对阻塞点的争夺往往会成为两支队伍战术选择的考虑方向。由于被击杀会导致对方队伍获得一定数量的金钱奖励，所以使用投掷物品来干扰对方的行动及判断也是常见的策略之一，当然，这种策略也被用于迷惑敌方以隐藏己方的战术意图。

作为一名《CS：GO》的解说员，及时判断处于竞赛不同比分阶段队伍所要做出的战术选择、武器选择，同时为受众做出简明扼要的说明，对每种战术中的变量所可能导致的结果进行一定的分析和预测也是十分必要的，这也会充实和丰富解说内容。

（二）《绝地求生》

《绝地求生》（Player Unknown Battle Grounds，简称 PUBG）是由韩国公司 PUBG Corporation 开发和发布的射击类游戏。该游戏基于制作人布莱登·格里尼（Brendan Greene）在电影《大逃杀》中获得的灵感，在他的创作方向下进行扩展从而成为了一款独立游戏。在游戏中，多达一百名玩家在岛上使用降落伞降落并获得武器和装备以击杀他人角色，同时避免自身阵亡。游戏地图的安全区域随着时间的推移而缩小，这种情况会将幸存的玩家引导到更紧凑的区域以强迫玩家们相互遭遇，最后一名生存下来的玩家或玩家队伍会获得游戏的胜利。

在《绝地求生》中，玩家或其所在的队伍往往从一开始进入游戏场景就需要选择一个地点进行原始的装备积累及对抗，这些装备不仅限于武器、防具、补给品、车辆，根据建筑物和地形的不同，取得某一类型的装备可能会更占优势，虽然装备是随机分布在整个地图环境中的，但高风险的区域内往往分布着更好的装备，击杀其他玩家的角色后也可以获得他们身上所携带的装备。

每隔一段时间，地图中的可玩区域就会有一定的缩小，可玩区域中会随机进行轰炸，这些轰炸会威胁玩家所处的位置，而处于其他区域内的玩家则会受到持续的伤害，这就造成了每个玩家在地图中遭遇的几率也会增加。当然，这些区域的变化会在地图中提前显示，以便让玩家有时间进入到安全的可玩区域中。除此之外，在游戏过程中会有飞机随机地横穿地图，并在一个随机地点投放物品包，物品包会发出高度可见的烟雾，其中的物品具有特别强大的属性，但在正常游戏期间往往无法获得，这也会加速玩家们的对抗。

由于沙盒型游戏的特质，绝地求生中也拥有丰富的地图场景和物体，这些地图场景和物体可以根据战术需要作为某个玩家或队伍的伪装，同时与地图场景及物体的交互也让这款游戏拥有着更多的可能性，如装备的选择和争夺、对可玩区域的判断和占领等。

玩家在进行常规游戏中可以选择第一视角或第三视角，由于两个视角所带来的收益不同，所以在服务器和竞技比赛中都往往会对视角做明确的规定。而就这个特性，《绝地求生》也更多地被认为是"大逃杀"游戏类别而非第一人称射击类游戏类别，在这里我们不做讨论，仅就游戏特性而言，《绝地求生》是部分符合第一人称射击类游戏的。

由于《绝地求生》的沙盒型游戏特性，导致游戏过程中会有更多的变化和战术选择，作为解说员，熟知安全可玩区域内的建筑特点和优劣势地点的选择会导致的不同影响及结果，可以让玩家更加准确地预知下一个交战点的来临。

### 三、主流第一人称射击类游戏的解说方式

在了解了主流 FPS 类游戏的竞赛规则及特性后，针对这些游戏所应该进行的解说练习往往围绕着经典赛事展开，因为经典赛事的产生往往标志着独特的战术选择或值得载入该游戏史册的个人操作，熟悉这些具有指导意义的赛事解说更有利于我们在面对竞赛时解说状态以及内容的提升。

#### （一）《反恐精英：全球攻势》

IEM 极限大师赛是 2006 年 Intel 德国公司与 ESL 合作创立的全球性赛事，而 2018 年在悉尼举办的 IEM 极限大师赛中，《CS：GO》游戏的冠军争夺尤为激烈，FaZe 战队与 Astralis 战队的这场比赛也因其精彩程度被玩家们称为"神仙打架"。比赛内容为每张地图进行 30 局对抗，共进行三张地图，在这里我们选择其中一张地图中两局比赛的解说实况为大家作相应的分析。

"第一张地图 CACHE 死城之谜，FaZe 先做进攻方，karrigan 配弹。"

"而 A 队起了两组道具，一看就是要打一点回防。"

在起手的第一局中，解说员首先介绍的是地图的选择及进攻方队伍的配弹情况。由于开局经济没有差距，所以手枪和道具的分配会透露出两队的战术选择及侧重点。

"FaZe 在山上展开（战斗），给 rain 发了 P250，一贯的待遇，不过 rain 前两天的比赛状态并不好。"

"但作为新任手枪王的他，在首局手枪战还是围绕他来打的。"

"刚说完这边就单杀了 magisk。"

"P250 跟对方 usp 对枪完全不虚。"

在开局后可以看到解说员针对手枪的分配做了解读，由于选手 rain 的擅长方向，所以队伍的经济也在首局向他倾斜，以求为第二局打出优势，虽然解说员对选手 rain 最近的状态跟大家做了分享，但是这样的结果还是可以预料的。在日常竞赛的解说工作中，往往也需要注意到这一点。

"rain 单枪匹马坐镇中路控制，第二时间摸到白箱，出乎了 gla1ve 的意料。"

"这下知道对方中路近点已经有人了。"

"把小道孤立，第二时间一去，你们（A 队）最多一个人。"

"脸烟一丢直接过来上 A。"

"等待 A 队的就是 4 打 5 的劣势回防。"

连续对场上形势的解读及预测是推进解说工作的好选择，由于击杀对方角色并对某一区域形成了控制，所以是可以预知的。接下来围绕 rain 的战术选择需要解说员告知受众，而这种选择所可能产生的结果也是可以作为解说内容进行丰富和阐明的。

"烟雾弹可以给 A 厅，火可以给下包位。"

"但接下来就要看对枪了。"

"包匪是下了个 A 厅包。"

"第二时间它们是应该先清完中路之后再回防。"

"（rain）中路一个人锁死两个回防位置。"

"他已经拖了很多时间了。"

"（A 队）再不扑掉 rain 的话，这波回防就没法打了。"

"同时 rain 还在杀人，一口气把回防都断掉了。"

此时，阻止 A 队回防是中路在己方队员控制下所能预知到的情况，但两人冲过来被 rain 直接打掉完全是个人实力的体现，这在《CS：GO》中也会经常发生，所以接下来的进程可以说顺理成章，通过双方战术需求的解读，从而对实际发生的情况做出合适的走向判断是解说员应该具备的专业素养。

"A 区打得也非常顺利。"

"正面战场也是 karrigan 和 guardian 各收一个。"

"这局真的是 rain carry 了。"

"这波 P250 发的也是完全没毛病啊，太值了。"

"沉睡好几天了，rain 终于苏醒了。"

第一局结束，由于该游戏的连续性强，所以留给解说员总结的时间往往较短，而在这里可以对第一局的关键选手所起到的作用做一个小的总结。

"长枪打小枪的一局是架队友快速上山。"

"对方（A 队）在刚枪局是投资了匪厅烟雾。"

"这一定程度上会给自己的中路控制减压，但是拖得了一时拖不了一世。"

第二局开始就阐明场上形势，由于第一局的优劣势从而导致的场上情况是解说员所应该给受众说明的，这种优劣势所导致的战术选择取决于战队对接下来形势的判断。

"这个时候魔法男孩（magisk）还没退（中了闪光）。"

"哦哦哦他不退也是有理由的（一枪爆头击杀 guardian）。"

"魔法男孩也开始了。"

"双方神仙打架。"

"警中还有烟后双架。"

"上来 FaZe 在山上就遭到狙击。"

"被打死一个打残一个。"

由于第二局的优势，所以 FaZe 战队做出了架队友快速上山的决定，而这个决定所带来的结果明显是出乎意料的，在这个时候只需要说明场上发生的情况即可，而这种情况所导致的结果就是优势队所采取的战术没有奏效。

"可以看到其实 CT（A 队）只有一个人是起了甲的。"

"守 B 的拿着，A 区的都是没甲的。"

"这段时间看一下 FaZe 要去哪里重组。"

"道具是能够他们做任何一个雷区的爆弹战术的。"

"封了一个 A 厅的过点烟。"

"这边想先骚扰 A 区，把小道的一骗，第二时间再前往中路。"

"小道的确实是被骗回去了。"

"（但 A 队在轮流看着中）由于 karrigan 没有帮队友架警中。"

"xizt 被杀，一换一。"

"这个对 FaZe 还不太够，因为对方也在杀人。"

"沙鹰 + 鸟狙就是黄金搭档，两个人各打一枪。"

此时可以注意到，由于 FaZe 战队第一时间所采用的战术没有奏效，以及队伍沟通的疏忽，使得 A 队拿到了获胜机会，同时对 FaZe 战队接下来行为的解读也预示着将要发生的道具缺少的情况。当然，此时连续产生击杀的沙鹰和鸟狙组合也是我们需要向受众说明的。

"而且看到 FaZe 刚才为了做中路骚扰还把道具给丢光了。"

"第二时间再出 A 厅，对方白车还有鸟狙。"

"这一局 FaZe 真是在自掘坟墓。"

"这鸟狙双拉，直接被秒了。"

"Xyp9x 还在藏，队友还在帮他扔闪让他主动 pick。"

"9 秒钟时间，不清掉死角是下不了包了。"

"直接拉过来带走，没有任何办法。"

"Karrigan 继续慢打，让自己在中路继续掉了一拨人。"

"为了防止 A 队翻盘他们起了好多步枪，这些步枪全都被丹麦人给拿走了。"

在上一部分的战术选择中，由于预先使用了道具作为迷惑和封锁，使得接下来缺少道具引发的情况变得难以解决，因为优势方 FaZe 战队的决策失误及 magisk 的精彩发挥导致优势互换。在这里我们发现，很多时候一位关键选手的发挥往往会影响单局比赛的比赛走向，当然，战术的选择更是不可或缺的一环，战术执行的成功或失败更能直接影响到比赛的胜负。

作为解说员，在这个时候所要说明的就是在战术执行过程中所期待的情况和导致战术执行失败的情况，这些情况有可能是因为某位选手的发挥超常或失常，又或是对对方战术的预测及破解。

以下是两支队伍在另一张地图中进行对抗时的解说实况，希望大家可以结合上述解说策略及相关视频资料进行拓展和练习，不断地熟悉地图中每个区域所具备的战术意图，这样有助于在解说时更加准确地判断接下来的形势走向。而在《CS：GO》游戏中，一位选手影响整个局势走向的情况也多有发生，作为解说员，更应该将受众的情绪带入进来，让受众感受到该游戏的魅力。

地图：Overpass 死亡游乐园

"A 队五 AK。"

"这次中路就清的比上局有诚意多了。"

"连退路都被火烧，guardian 跑不掉了。"

"rain 阵亡，对方明显还没有站稳，打了十几发子弹对方还没有半血。"

"这一波 Faze 的中路开局其实打得非常窒息。"

"两个人都想通过个人能力去拿到首杀，但是两个人都失败了。"

"这段时间 niko 决定在小道见缝插针。"

"赶紧扔小道烟，第二时间扔闪撤退，赶紧跑吧。"

"这个时候 karrigan 已经到位了。"

"绕后的时机是刚刚好。"

"niko 一层再偷一个，局势逆转的很快。"

"右边拉过来补枪。"

"漂亮，救了 niko 于水火当中。"

"该拼的 xizt 还是要拼的，这个时候千万不能再缩了，就算对方没有下包也必须要救一下自己的狙击手（niko）。"

"Karrigan 真的是很了解 A 队啊，就算上来对方中路杀了两个人，但是你看 karrigan 这个下水道绕的还是很到位，这也许就是知己知彼百战不殆吧。"

"在做了 A 区铺垫的情况下 FaZe 依然敢做出单人的绕后。"

"这局赢下对 FaZe 来说太关键了，又完成了一波 3 打 5。"

（二）《绝地求生》

2018 年 PUBG 官方举办的全球邀请赛（PGI）是绝地求生游戏史上最顶级的赛事之一，而在首届的 PGI 上，中国战队 OMG 又获得了 FPP（Frist-Person Perspective，第一人称视角）的冠军。所以我们选取了决赛日其中一场比赛的部分解说实况内容作为该游戏的解说分析，意图让大家明白在沙盒型的射击游戏中如何切入角度进行解说，以及掌握随着游戏可玩区域的缩小和队伍之间更加频繁的遭遇所导致的战术变化。

"比赛开始，一条从海岛飞到内陆，贯穿狮城的路线。"

"对我们两个队伍来说比较友好。"

"狮城的左右两边可以跳两支队伍的。"

"因为沙漠地图面积大，资源点多。"

"并且不缺车的，每个点位都有很多刷车点。"

"两支队伍跳到了他们熟悉的点位，4am 跳到了矿山镇的位置。"

"OMG 依旧是在皮卡多左下方的位置打野。"

"小狮子这个走位很明显，要拿到烂尾楼高点然后抢占教堂。"

由于《绝地求生》地图的特性，所以在比赛开始时解说员往往会根据路线上地图资源的分布来进行一定的预测及解读，包括队伍擅长降落的位置及后续搜索资源的路线。这些信息不只是来源于现场实时发生的情况，更多的是来自于平时对队伍及选手的了解。

"我们可以看到 SAVAGE 的这位选手拿到了 686 的喷子在追着 CGW 的选手。"

"但是 CGW 的选手溜得很快啊。"

"对，从小地图这边看他是只有一个人在这一片区域。"

"因为 SAVAGE 本身昨天跳的也是狮城。"

"昨天没有人跟他们抢，所以今天也是没有想到会有人来。"

"我们看到第一个圈刷在了很右边。"

"这个对于我们两支队伍来说其实不太友好。"

"不过这个圈对于 AHQ 来说不错。"

在介绍完各个队伍降落的点位和惯用搜索路线之后，地图上由于有些选手已经获得了武器所以会产生小范围的对抗，而这些对抗往往在单体角色中产生，解说员在关注刷圈位置的同时也需要对这种情况的发生做一些简单的说明。

"考虑到这个航线的原因，我们可以很清晰地知道在地图的北部是没有太多人的。"

"由于沙漠地图很大，很多选手会选择高空荡伞。"

"不过如果抽奖打到了那就直接是正宗的落地成盒。"

"我们看到 OMG，其实搜索最快的方式还是不进城，搜索周围的厂房和烂尾楼。"

"在昨天一天的比赛中，xiaorong 拿到 7 个击杀，小狮子拿到 24 个击杀，小海是 17 个，BT 的话也有 7 个击杀。"

"其实赛前我们聊到 BT，队内的选手和教练组对他的评价非常非常的高，而且在观察他平时打的时候是真的很恐怖。"

"他只是牺牲了自己，乐于为队友做一些拉枪线或掩护的一些工作。"

"AHQ 的 waisun 选手先行开火拿到第一个淘汰。"

由于地图的区域过大，前期很可能不会产生选手和队伍之间的遭遇及摩擦，所以在各个队伍收集初始物资时，解说员可以根据已有的数据对选手进行分析，这些信息往往通过平时的积累得来，这会为观众带来完全不一样的体验，相对于比赛本身来说，选手的个人能力和其他信息也是观众所关注的重点。

"盾牌这里占据了高点房区，我们所说的，沙漠地图中高点房区的优势是非常巨大的，既可以藏车又可以压制。"

"但沙漠地图中这样的位置不是特别多。"

"4am 目前选点是不着急，慢慢打。"

"对，他们处于麦田中的房区，对周围一览无余。"

"他们从目前的二二站位来看很有可能变成慢进圈，然后做二二分推进式的打法。"

"对，两人观察，两人移动。到位的两人重新成为观察位，然后剩余两人再继续推进。"

随着可玩区域的不断缩小，各个队伍所采取的战术也不尽相同，在这个时候，解说员要明确地告知受众此时画面中所显示队伍的进圈战术，与此同时为大家普及地图中自有的优势点，还有分析当前队伍所处位置的优劣势情况。在这个过程中，对战术的解释说明是非常必要的，因为进圈位置的选择往往意味着队伍对于下一次可玩区域的判断或对场上敌方分布的判断。

"我们现在可以看到啊，所有的队伍在载具上面都是三辆车四辆车。"

"沙漠地图的车确实很多。"

"公路上面的转移就显得更轻松一些。"

"Liquid 应该是有一名队员已经进入白圈内探好点了。"

"他是做一个先头部队的侦察。"

"这也是 Liquid 经常用的一招,三一探点。"

"我们依然看到圈的中心区域挤满了人。"

"以我们一直说的切水这个问题,现在已经是第二个圈了。"

"要注意一下。"

"圈稍微偏南了一些。"

"TG 的这波车祸很亏,损失两员。"

"我们看到 4am 已经从地图的南部区域转移进圈了。"

"作为弱势进圈的两个队伍 OMG 和 4am 来说,他们可以利用这种思路。"

"圈内的队伍知道要刷离水域所以会提前离开水边。"

"这个时候水边一般是空出来的,可以利用这个消息从东南侧走水边进圈。"

接下来,白圈内的交战已经开始变得频繁,而为了使队伍保证最大程度上的存活,一些在白圈外受到持续伤害的队伍或在上一个阶段没有占据有利位置的队伍通过不断地试探进行转移。而在转移过程中也会发生由于其他队伍的压力导致自身操作失误的情况,此时解说员也应关注到减员后各个队伍的情况并做出及时的补充说明,当然也包括上述对于白圈位置的关注。

"AHQ 和 WTSG,拉一个大侧身,已经有角度了。"

"对枪没有对过,larson 被补上枪线的 winner 放倒。"

"这个就是我们所说的拉侧身的突击手经常面临的一种情况。"

"你没有办法一打二。"

"正面的枪法上还是企鹅更占优势。"

在队伍之间的战术博弈上往往需要做一些取舍,拉开枪线是有助于包围击杀,但是在人数不对等的情况下也容易出现突击手被先行击杀从而使己方落入人数劣势的状况。在这个时候解说员就应该对这种选择进行一定程度上的分析,通过枪法以及选手个人的喜好来预测包夹战术取得成功的可能性。

"Liquid 这边的枪线,左右两边的枪线已经拉开。"

"这波小狮子没人能看侧面。"

"小狮子立刻被 Liquid 放倒,只剩 xiaorong 一个。"

"虽然 xiaorong 伏在一个小坑内,但面对对方四杆枪估计也没什么办法。"

"不一定,看 gold 战队会不会对他们进行骚扰。"

"关键是我们不知道白圈内有没有边缘的位置能躲。"

"不是说我想让就一定能让出来,如果我让出来之后发现没地方可躲,还是一样的结局。"

"还是白圈内的信息不够。"

"三幢房子不知道在哪个房子。"

"烟雾弹虽然提供的掩护但是暴露了位置。"

"现在圈内铺满了烟。"

"Liquid 不知道哪个房区有人，要小心独狼偷掉人。"

"直接往前压。"

"同时抗电。"

"Liquid 两个队员竟然被电死了。"

"剩下了 gold 战队。"

随着对抗激烈程度的提升，存活的队伍也会越来越少，这个时候对于解说员来说，就会有足够的精力致力于分析每个队伍在当前处境下所能做出的选择，以及这些选择可能导致的结果。同时，解说员也需要站在队伍的角度做一些分析，让观众更清楚地了解到队伍为什么要做出这样的决定。

以上两个当前较为主流的游戏代表了第一人称射击类游戏中的两种游戏类型，而在对这两种类型的竞赛方式和竞技特点进行初步了解之后，结合经典赛事的解说分析更有助于我们理解第一人称射击类游戏所需要解释说明的重点。在这个游戏中，需要熟记和掌握的地图特点和数据很多，作为一名解说员，紧跟每个游戏的更新及职业队伍的战术开发，会从更专业的角度丰富解说内容。除此之外，解说员也需要对选手的个人信息进行及时了解，有很多情况需要解说员结合选手的个人能力对比赛走势做出说明和预测。

## 第三节　即时战略类游戏

### 一、主流即时战略类游戏的竞赛规则及竞赛方式

即时战略类游戏（Real-Time Strategy，简称 RTS）属于战略游戏的一种。顾名思义，该游戏的游戏过程是即时进行而不是采用回合制进行的，游戏轮次不会递增。RTS 类游戏通过收集资源、制造建筑、游戏内技术开发、游戏单元的间接控制来确保地图的区域或摧毁对手的资产。

RTS 类游戏的起源可以追溯到 20 世纪 90 年代，RTS 这个名称由西木工作室（Westwood Studios）的创始人布雷特·斯佩里（Brett Sperry）创造用以推广《Dune Ⅱ》（沙丘魔堡Ⅱ），而此款游戏也被公认为是开启即时战略游戏时代的先驱之作。但其实在《Dune Ⅱ》之前，具备"即时"特性的游戏早就出现过，它就是于 1981 年发布的《乌托邦》（Utopia）。著名的计算机及硬件网站 Ars Technical 将它称为"一种类型的诞生之作"，在这款游戏中出现的"即时"元素是几乎闻所未闻的，由于这个原因，它可以被称为"第一个具有即时元素的游戏"。但由于它的游戏过程中拥有回合制的特性，所以在现在看来，它更应该属于"即时战术类"游戏。其实即时战略游戏在狭义上的认定是比较严格的，它要求玩家在战略布置的过程中必须是即时的，如果一款游戏只有战斗采用即时制，而在收集、构建、开发等元素中采取回合制，那就不能算作即时战略类游戏。

前文我们提到《Dune Ⅱ》开创了 RTS 类型游戏的先河，它的成功同样带动了更多相同类型后续游戏的发展，特别是 1994 年电脑游戏公司暴雪娱乐发布的《魔兽争霸：兽人与人类》，这也是《魔兽争霸》系列的第一部作品，虽然在它问世伊始时被认为是《Dune Ⅱ》的跟风之作，但该款游戏所附带的地图生成器和即时战略联网等特性让其拥有出色的销量，

同时为该系列的后续发展打下了坚实的基础。在随后的一年，1995 年，《命令与征服》（Command & Conquer）系列游戏发售，其中我们最熟悉的当属《命令与征服：红色警戒》，它与《魔兽争霸：兽人与人类》成为最受欢迎的早期 RTS 类游戏。在这之后，RTS 类游戏开始风靡。1997 年，《横扫千军》（Total Annihilation）发布，它引入了 3D 单位和地形，并且开始强调宏观管理，同时拥有简化的界面，这些特性在以后的几年中影响了许多 RTS 类型的游戏。同年发布的《帝国时代》将文明元素和即时战略概念相结合，使游戏的进度更加缓慢。1998 年，电脑游戏公司暴雪娱乐发布《星际争霸》，至今，《星际争霸》依旧活跃在大型的职业赛场上。总的来说，以上游戏的出现都或多或少定义了这种类型游戏的特点，它们为 RTS 类游戏的后续研发提供了一定的标准。

同样的，由于 RTS 类游戏的开放性，它在结合其他特性后也形成了目前流行的多种游戏类型，包括但不仅限于第一人称射击类游戏、角色扮演类游戏、多人在线即时战略类游戏。但在此节中，我们只讨论典型的即时战略类游戏部分。

（一）主流即时战略类游戏的竞赛规则

一般情况下，玩家需要利用专门的单位来收集资源、制造建筑或进行游戏内的技术开发，同时，要在合乎比赛规则的前提下操作游戏内的单元来完成侦察资源位置或敌人位置、摧毁敌方单位等任务。而在大多数即时战略类游戏中，玩家必须通过建设特定的建筑结构来解锁下一步更高级的单元，同时也需要建立一支或几支军队来保护己方拥有生产能力的单位。

由于游戏要求的不同，除了有些单人游戏会有特殊的任务需求外，即时战略游戏一般都以摧毁敌人作为最终的胜利条件。

这是取得胜利的先决条件，而具体的胜利条件在具体赛事中会有不同规定，如摧毁敌方所有单位、摧毁所有敌方主城、守住我方基地、摧毁特定敌方单位等。由于竞赛公平性的原则，有些即时战略类游戏也会对玩家所使用的角色做一定的限制，如《星际争霸》，它对一些角色同步可以操控的部队数量设定了上限。

（二）主流即时战略类游戏的竞赛方式

在主流即时战略类游戏中，屏幕显示的界面分为游戏世界、单位和建筑物的地图区域、命令和控制生产的区域三个部分，而玩家通过"雷达"或"小地图"来概览整个地图区域。玩家通常可以通过一个等距的视角来观看整个地图区域，并且可以使用鼠标或键盘的快捷键发出命令。

其中，资源、地形与气候、补给、战术都会成为影响最终胜利条件的关键因素。

即时战略游戏中的资源有可能是黄金、矿产、木材、粮食等，这些资源是制造建筑的基础。所以在一般情况下，玩家需要确保这些资源可以充足并稳定地供应，同时根据己方战术的需要调整收集的侧重点。而在另一方面，由于整张地图中资源有限，所以干扰敌方的资源收集也是取得胜利的方法之一。

地形和气候在 RTS 类游戏中起到的影响或许不像现实世界中那么明显，尤其是气候，气候在现实世界中会对交通工具的选择及行进的速率产生较大影响，但在 RTS 类游戏中则没有这些考虑。但在一些游戏中，独特的地形会对需要途经此地的角色或单位产生一定的影响，例如，陆军在水型地形中的移动能力及战斗能力等。而一些即时战略游戏则会对地形的高低部分设定一定的视野差，一般来说位于高处的单位会具有更好的视野优势，当然，到达这个位置也需要付出相应的代价,这个代价包括移动速度的牺牲、战斗种类的选择等。至于日夜的变化,目前来看对即时战略类游戏的影响并没有那么大,仅有少数几个游戏设置了一些角色和单位针对夜间的不同变化,例如,在《魔兽争霸Ⅲ》中,兽族和人族在白天和黑夜都可以自动恢复生命,但是暗夜却只能在晚上恢复生命,而暗夜的某些单位在夜晚可以隐形。

一般来说,在即时战略游戏中往往不需要补充饮食、弹药或燃油,所以在这里讨论的只是兵力和后备力量的补充。通常情况下,为了避免无限制的生产作战单位所带来的游戏单调及不平衡,游戏中往往会对生产作战单位进行一定的数量和维护费用的限制。

在战术的选择上,RTS 类游戏的呈现更为直观,原则上包括集中力量制造己方具有生产能力的建筑单位、集中火力消灭敌方威胁单位、以较低代价获得高价值目标等。

作为一名电子竞技解说员,在 RTS 类游戏的解说中需要注意的就是场上瞬息万变的形势及地图中每个战术因素所将要产生的影响,以下会列举当今主流即时战略类游戏的竞技特性,用以帮助大家更好地扩充具体游戏的解说内容。

二、主流即时战略类游戏的竞技特点

(一)《星际争霸》/《星际争霸Ⅱ》

《星际争霸》,是由电脑游戏公司暴雪娱乐开发和发布的一款即时战略类游戏,于1998年面世,在问世伊始就被广泛认为是革命性的即时战略游戏类型,在 2010 年,暴雪娱乐推出《星际争霸》系列的第二部作品——《星际争霸Ⅱ》。这两款游戏以极好的延续性受到玩家的广泛欢迎,同时,新作中也保留了相当大部分的前作兵种和建筑,但对一些兵种的技能做出了部分修改和添加。在《星际争霸》/《星际争霸Ⅱ》中,所有单位对于比赛来说都是独一无二的,虽然在整个游戏内技术开发的特性都可以横向比较,但每个单位的表现都不尽相同,并且需要配合不同的策略才能获得比赛的胜利。

游戏围绕三个种族展开,包括神族、虫族、人族,在目前主流的《星际争霸》/《星际争霸Ⅱ》职业赛场上,往往是玩家一对一地展开对决,也就是在上述三个种族中任意选择其中一个种族进行对战。每个种族中都包含战斗单位和精英单位,精英单位一般具备着该种族的基本特征,并具有相对独特的功能。

这些种族的可用战斗单位的名称和特性各不相同,但获得更高收益的战斗单位往往需要更多的资源或时间成本,这也就促使玩家在生产或进化战斗单位的时候需要做出权衡,这种权衡也影响着最终战术执行的情况。

其中,神族可以使用强大的机械单位、能量盾、跟地图特性相结合的传送能力等先进技术,这些技术都可以为神族的强度提供相当大的补充,但是这些技术往往需要承担一定的风险。例如,虽然神族在依靠探测器制造建筑时效率非常高,但除收集资源的控制中心和吸收室外,所有的建筑都必须在能量塔的有效范围内,如果能量塔被摧毁,那么在其范围内的所有建筑物将无法工作。同时,神族的人口相对于其他两个种族来说在数量上不占优势,只能依靠建筑所生产的机器人充当战士,神族部队的生命值会自动恢复,恢复的数值拥有具体的限制。

虫族则具有建立在有机物上的单位和建筑结构,虫族的数量来源于孵化场,可以快速地生产,也不需要浪费过多的资源,同时具备缓慢的生命值恢复能力,但是这些单位通常较弱，需要通过纯粹的数量和速度来压倒敌人，而数量的上限则取决于虫族领主的数量。除了孵化场和汲取器，虫族的所有建筑都必须建造在有机物上，有机物可以来自于虫族的孵化场或有机物蔓延，每当生产一个建筑后，有机物都会向周围蔓延一定的范围。

人族处于两者的中间地带，生命值往往需要依靠补给站恢复，拥有较为灵活和多功能的单位，如地面单位、防空单位、维修单位、具有强化能力的附加单位等。其军事技术和机械也更具远程火力的特性，如坦克、核武器等。同样的，在近战中人族往往处于劣势。人族的建筑可以无限制地建造，并且有多种建筑可以缓慢地起飞。

在比赛过程中，虽然每个种族的类别及特性不同，但没有一场比赛的任意一方可以具备天然的优势。也就是说，虽然各个种族的力量、速度、能力不尽相同，但是它们的整体强度是接近相同的，游戏的制作方暴雪娱乐也会通过不断的游戏更新来维持游戏中的平衡。

在《星际争霸》/《星际争霸 II》比赛中，玩家通过获取两种资源来建设己方建筑单位，即矿石和瓦斯，这两种资源的属性各不相同。其中，矿石散落在地图的任意地点，但每块都只能由一名收集者收集。瓦斯则分布在类似火山口处，需要通过建造提炼厂进行开采，一般含量较多，枯竭后也可以继续开采，但随着状态变化具有相对固定的产量。虽然对于每个种族来说，资源的供给方式略显不同，但实际上，供给机制对每个种族的影响接近相同，都允许玩家在拥有相应数量的资源下建立相应强度的新单位。

在《星际争霸》/《星际争霸 II》职业赛场中，由于资源的收集是决定双方实力强弱的重要因素，所以玩家们往往会围绕地图的资源及己方的建筑种类进行战术的布置。像我们前面所提到的，干扰敌方资源的收集也是策略之一，这些策略一般会结合种族的特性进行选择。在面对敌方所做出的战术选择时快速改变己方的战术布置也是该游戏的特点之一，所以需要赛场上的职业选手在极短的时间内做出应对，这种情况往往会以很快的频率发生。作为一名解说员，要牢记时刻关注场上选手的每一次操作。

（二）《魔兽争霸 III》

《魔兽争霸 III》是暴雪娱乐开发和发布的一款即时战略类游戏，于 2007 年发布，该游戏由于独特的游戏展示画面和多人游戏功能受到了评论家们的一致好评，也同时被认为是 RTS 类游戏中颇具影响力的一款经典之作，在商业上取得了很大的成功。

该游戏包含了与《星际争霸》类似的要素：收集资源、制造建筑、指挥战斗。但与《星际争霸》不同的是，《魔兽争霸 III》使玩家集中注意力于控制战斗单位而非生产战斗单位，所以就要求玩家更加关注小规模的战斗。而同时，《魔兽争霸 III》中出现了全新的战斗单位——英雄，这是一种可以通过获得经验值升级并增强技能或能力的强力战斗单位，每当己方击杀一个敌方单位或中立生物，英雄便可以获得一定的经验值，经验值积累到一定程度时英雄的等级就会上升，每当等级上升英雄就可以解锁或升级一项技能，不同的英雄所解锁的技能也不相同。除此之外，英雄还可以携带物品，物品通过在商店购买或击杀中立生物获得，不同的物品为己方单位提供的加成不同。一方最多有三个英雄单位，如果英雄单位在战斗中被击杀，可以在祭坛中复活。

在《魔兽争霸 III》中，玩家可以选择操控四个种族，包括人类联盟、兽人部落、暗夜精灵、不死亡灵。每一个种族都有一套独特的英雄单位、建筑单位及技术。

人类联盟中除了农民外，大部分战斗单位都通过兵营、车间和神秘圣地制造。其中，兵营所制造的单位往往具有直接战斗或防御能力，步兵的攻防特点使得他们可以作为先锋和防御部队来进攻或阻止敌方的进攻，火枪手则具有攻击空中目标的特性，骑士的移动速度优势显著，可以快速抵达目标地点。车间是制造机械单位的场所，直升机可以利用高机动性探清战争迷雾中的部分，而迫击炮小队可以远距离进行攻击，蒸汽坦克的高防御性可以帮助人类联盟更快地推掉敌方建筑。神秘圣地所制造的单位起到更多的是协助作用，包括治疗队伍的牧师、使用魔法和咒术的女巫、精于破坏和扭曲魔法能量的魔法破坏者。此外，狮鹫笼创造的两种空军单位也各自拥有着不同的特点，狮鹫骑士更善于制造伤害，而龙鹰骑士的速度更快，并且可以用迷雾笼罩敌方防御建筑使其失去攻击目标。

兽人部落中生产战斗单位的建筑包括兵营、兽栏、灵魂归宿和图腾。兽人部落的兵营所制造的蛮兵可以提供高额的近战伤害，猎头者可以在远方准确地击中目标，粉碎者虽然需要更多兵力进行操纵，但是它却拥有着强大的攻城能力，它所投掷的燃烧物可以打击远处的目标。兽栏所制造的单位包括掠夺者、科多兽、风骑士及巨魔蝙蝠骑士。其中，掠夺者拥有强大的地面机动作战能力并可通过攻击敌方建筑掠夺黄金；科多兽可以瞬间吞噬某个单位并为队伍提供增强攻击力的光环；风骑士的高机动性可以帮助他们在空中灵活地攻击敌人；巨魔蝙蝠骑士的巨大视野范围可以用以侦察或攻击地面单位。灵魂归宿所能制造的单位更偏向于利用魔法协助队伍，包括净化负面魔法效果和增强作战单位攻击速度的萨满、为队伍提供视野和治疗的巫医，以及可以躲避物理攻击并为队伍分摊伤害的灵魂行者。此外，图腾所制造产生的牛头人具有相当高额的生命值和范围伤害。

以上列举了两个种族独有的建筑所制造产生的战斗单位，通过对比可以发现，尽管名称和特性各不相同，但所付出的代价和所能取得的收益成正比关系。往往具备高额伤害的战斗单位需要更多的资源和时间进行制造，而机动性强的战斗单位的防御能力也往往偏低，这些属性是基于竞赛公平性的考量，即影响比赛胜负结果的只有选手本身，但可以根据自身所选择战术的特性来选择可操作的单位。

由于添加了独特的英雄单位，所以英雄单位所携带的物品也是影响游戏走势的关键因素，每位英雄单位可以携带6件物品，有些物品的属性可以叠加，但有些不可以叠加。

《魔兽争霸Ⅲ》中的资源包括黄金、木材、人口三种，前两种资源是制造建筑所必需的原料，而人口则决定了可以同时拥有单位的最大数量，超过一定数量就会激活这个概念，数量越多，所能获得的黄金就会越少。

独特的昼夜系统也影响着游戏中的进程及战术的选择。单位和建筑的视野在白天会变得广阔而在夜晚则会变得短小，而暗夜精灵一族可以通过夜视科技使自己的部队拥有和白天一样的视野，相对应的，它们也只能在夜晚恢复生命，而其他种族则在白天和夜晚都恢复生命。

在建筑的制造上，《魔兽争霸Ⅲ》延续了《星际争霸》的一些设想，如建筑制造的位置和方式。《魔兽争霸Ⅲ》中的建筑大体可以分为以下几类：用以解锁相应建筑和科技的、类似大本营的城镇大厅，用以召唤和复活英雄的祭坛，用于生产战斗单位的部队生产建筑，具有强化功能的研发建筑，为队伍提供补给的供应建筑，对进犯的敌方目标进行攻击的防御建筑。这些建筑所提供的战略协助不同，制造这些建筑所用到的资源也不同，根据场上形势的变化，选手们会进行针对性的兵力布置和分配。

在简单了解了《魔兽争霸Ⅲ》游戏的一些游戏特性之后，我们可以知道，在游戏进程中，英雄所携带的物品、英雄技能本身、建筑制造的选择、地图中立资源的争夺等都是影响游戏走势的因素，而这些因素中间所产生的连锁反应都是决定胜利归属的条件。作为一名解说员，应该随时关注赛场上所发生的每一个资源点的博弈和每个战术选择的联系，通过对不同英雄不同特性的了解来向观众解释说明场上情况及预测接下来的局势走向。

### 三、主流即时战略类游戏的解说方式

了解了主流 RTS 类游戏的竞赛方式和竞技特点后可以发现，这类游戏的开放性更大，所选择战术也更多，这也就要求解说员在针对不同选手所选择的不同战术时要尽快地做出反应。而这些战术积累往往需要更多地观看相关的比赛视频和进行针对性的练习。

#### （一）《星际争霸》/《星际争霸Ⅱ》

在这个环节中，我们特别选择了第九届英特尔极限大师杯赛中《星际争霸Ⅱ》游戏世界总决赛的冠军争夺战作为分析案例，而双方互有往来的博弈也使得这场比赛具有更加精彩的可看性。

首先，在比赛开始之前，双方所选择的种族都为神族，这为接下来比赛进程的展开埋下了伏笔。

"对阵双方为 Zest、Trap。"

"可以说是光明顶一役。"

"这场比赛是 BO7 的第一场。"

"Zest 两农民采气，很稳的开局，可能选择两兵营。"

"两兵营是 P（神族）VS P（神族）对抗最稳的开局。"

"Trap 也是两气，但没看到几个人采气。"

"第一场比赛两个人都不偷，也没有放出什么战术，都是两兵营最稳的开局。"

"因为是 BO7 的比赛，所以说第一场比赛不容有失。"

"看到是两兵营可能心里都舒了一口气，这种开局是最稳的，对方不可能阴你的。"

"按部就班打就可以了。"

"就看有没有这个胆量直接两兵营开矿了。"

"就直接不下科技。"

"我们可以看到双方打得很镜像。"

"采用这种开局，证明双方选手对自己的实力很有自信，同时也是看看对方的状态。"

比赛开始时双方所采用的战术相同，即标准的两兵营对抗，这也是比赛开始时资源平稳收集和制造建筑的阶段，这一阶段需要解说员做的是叙述场上发生的情况。

"Trap 的摩天轮想要绕一下，看看有没有机会绕进去。"

"这怎么可能有机会，你在这里就尴尬了啊。"

"Trap 这里送掉了一个母舰核心。"

"Trap 送了个母舰核心什么也没管直接把矿开了，打得很大胆。"

"（Trap）利用这个视野是不是回击一下。"

"不敢，直接跑了。"

"因为失去了母舰核心所以有点虚，赶紧补一个母舰核心。"

"家里面直接下了 VR（重工厂）。"

"又是一个镜像，现在唯一差的就是一个母舰核心啊。"

"人口其实就差两个人口，就差一个母舰核心的人口。"

"双方这个P（神族）VS P（神族）理解都是一模一样啊。"

"把二基地开了之后两个人在拼正面。"

"其实如果这样拖的话，前期这个母舰核心的损失也就无所谓了。"

"还是都在出不朽。"

"家里面还是都防一下对方的先知。"

"他们两个的想法都是完全一样的，我感觉这些就是韩国比赛的一个套路。"

"同族对抗，而且所选择的战术也是一样的。"

"所有细节都一样没有区别。"

"幻象凤凰进来看一眼，看到原来是一模一样的。"

Zest 对战 Trap 截图一

比赛继续进行，虽然双方做出了简单的试探侦察，但获得的结果类似，由于战术选择和开局都在求稳，在这个时候，解说员需要对双方所损失的单位做一定的说明，包括损失这个单位有可能产生的影响。

"Trap 这边是率先出手，出了一个棱镜，它要去搞多线了。"

"这场比赛拼的就是双方的内力了。"

"没想到双方都没有放法宝，上来先拼一下看谁的功力强。"

"棱镜出发，一个不朽两个哨兵。"

"Zest 出了两个不朽，所以说棱镜比对方慢。"

"两个不朽在这边站着，没有看到。"

"我们看到 Zest 的兵直接回家，棱镜接两个不朽直接去骚扰。"

"双方的骚扰也差不多。"

"Trap 这边先出手，打一个水晶也可以。"

"进来，被看到了，先打一个水晶。"

"这边看一下两个不朽怎么走，这样走，差一点，稍不注意就会被点掉。"

"现在什么东西也骚扰不到，其实现在打一打水晶什么的也就可以了。"

"一上来 Trap 是赚了。"

"我们看这边 Zest 能补到多少东西，两个追猎，两个追猎可能都要死。"

"对方想抓这个棱镜，没抓到。"

"现在的人口也是一模一样的，这个开局真是太像了！"

Zest 对战 Trap 截图二

Zest 对战 Trap 截图三

随着时间变化，双方开始进行小规模的骚扰及攻防试探，目的是在不花费大的代价的前提下，尽量在前期取得建筑或兵力上的优势，可以看到 Zest 吃亏之后的第一反应就是试图从地图的其他交火处夺回部分劣势。作为解说员，此时应该照顾到地图上发生的所有信息，以分析接下来双方将要做出的选择。

"Zest 是先补四个兵营，而 Trap 是先开矿。"

"终于有变化了。"

"其实在这个情况，只要率先开矿没有被侦察出来，其实对于率先开矿方绝对是有优势的。"

"Zest 更稳，先补了兵营再开矿。"

"先压一波。"

"但是看到了，看到三基地了。"

"这波可能要打了。"

"（Zest）是不是等棱镜过去配合棱镜打一波，这波多一个兵营啊。"

"两个人走出来，兵都是一样的，棱镜在这边汇合。"

"被看到了。"

"Zest 可能要追。"

"但第二个巨像到了。"

"双方都没敢打，这个地方都没敢打。"

"Zest 更想打多线，通过多线牵扯给正面找机会。"

"正面，多个巨像。（Trap）在利用这个高台来打。"

"第三个巨像到了。"

"这边不朽，已经被隔开了。"

"有没有力场隔一下，（Zest）死了一个巨像。"

"刚刚那个棱镜只是让 Zest 注意力分散。"

"但我们不知道刚刚这边 Zest 两个不朽偷了多少东西。"

"双方人口还是非常接近的。"

**Zest 对战 Trap 截图四**

双方进行了第一波有规模的交火，可以看到由于 Trap 使用棱镜使 Zest 产生了错误的判断，所以这次的交火以 Trap 获得一些小优势而结束。作为解说员，兼顾到影响战场的单位数量因素是必要的，而在职业选手面对劣势做出的资源交换的尝试也要做出一定说明。

**Zest 对战 Trap 截图五**

"Zest 转型了，转风暴了。"

"看看这个风暴是不是转得出来，其实转风暴的时候 Trap 是有机会的。"

"Trap 的兵营补得晚了一点，所以四个兵营还在造。"

"看看 Trap 是否能进得去，就是这个时间点。"

"转风暴和三攻的时间点，Trap 是没有升级攻防的。"

"往后进行的话这个攻防 Trap 会落后。"

"所以 Trap 好像是要抓这个时间点的，他要打了。"

"这波 Zest 有点危险，Trap 领先 20 人口。"

"Zest 没有白球，要打了。"

"一个（过来）减速，Trap 不敢打，看到对方兵营很多。"

"这个 Zest 棱镜骗对方出了一波兵。"

"打乱了节奏。"

"正面有风暴，巨像站不住，Trap 要跑。"

"Zest 可以打了，风暴数量够了。"

"Trap 在转隐刀。"

"Zest 出了先知，可以反隐。"

"四个风暴过来了，巨像站不住的。"

"Trap 必须先出手。"

"但是缩回去了。"

"Zest 想开。"

"Trap 绕着打，没开到巨像。"

"幻象了很多巨像，吃了很多轮风暴的火力。"

"Trap 打赢了。"

"风暴又打错了。"

"还剩三个真的巨像，风暴倒了。"

Zest 对战 Trap 截图六

Zest 对战 Trap 截图七

"Zest 想秒巨像，包到了，混到了隐刀。"

"Trap 有点深入，被追击。"

"巨像被点了。"

"但是 Trap 趁着这个时间开了四基地，经济要好很多。"

"Zest 要一鼓作气。"

"Trap 要拖延时间，转风暴。"

"Trap 一定要等风暴出来再打，现在不能冲动啊。"

"现在要逼你打的，现在要忍，千万不能出来打。"

"Zest 要逼你战的，三个巨像。"

"Trap 风暴来了。"

Zest 对战 Trap 截图八

Zest 对战 Trap 截图九

"但是这里已经开打了。"

"棱镜救，把巨像救起来了。"

"风暴没有秒到巨像，巨像全部站住了。"

"Trap 全部打光。"

"就差一口气。"

"巨像吸收了足够多的火力，Trap 主力全倒。"

"直接刷兵，家里面直接白球。"

"Trap 这盘输了。"

……

"第一个是反隐刀，第二个是救巨像，真的救得好。"

Zest 对战 Trap 截图十

Zest 对战 Trap 截图十一

在交战过程中，优劣势的转换往往会非常迅速，这取决于关键战斗单位的生存状态。风暴对于巨像的限制，先知对于隐刀的限制，以及幻象和棱镜的保护作用都是影响胜负局势的关键所在。作为解说员，要关注以上几种可能在特定情况下产生的影响，而这些影响与选手做出的下一步选择息息相关。解说员需要将这种影响向观众阐明，因为一局比赛的胜负往往存在于这些影响之中。

（二）《魔兽争霸Ⅲ》

2007 年 PGL（Pro Gamer League，电子竞技职业选手联赛）决赛，Sky 对阵 Moon，在 EI 地图中，两位选手的惊人操作和精彩的战术博弈使得这场比赛被载入史册，成为《魔兽争霸Ⅲ》最经典的对决之一。同样，这个冠军对于在 2007 年上半年面对 Moon 频频处于下风的 Sky 来说也有着特殊的意义。

"各位观众，本场比赛地图是 EI。"

"左边 Sky，右边 Moon。"

"出门探路。"

"一般情况下精灵应该会选择游侠，容错率比较高。"

"道具和控制权争夺比较激烈。"

"因为地图元素相对少。"

首先在比赛的开始，我们需要介绍所采用地图的特性，因为不同的地图特性决定着双方所使用的不同英雄及双方所采用的不同战术。

"Moon 中立开局，战争古树放在雇佣兵门口。"

"中立首发对战人族的选择比较多样，但一般会选游侠。"

"人族祭坛起来了，还是选择大法师。"

"探路民兵直接向暗夜方向。"

"遇到了同样探路的 Moon 的小精灵，探查到了对方的开局。"

"Sky 的步兵到达酒馆，探查 Moon 的第一个英雄。"

"超出想象地选择了熊猫开局。"

Sky 对战 Moon 截图一

初期由于建筑的不完备，双方都需要利用一个较为灵活的单位进行侦察，内容包括所选择的英雄及对方的动向。

"熊猫第一时间前往雇佣兵点位，两个 AC 拖出三个小精灵。"

"两个精灵建战争古树，另外一个召唤黄皮。"

"酒馆处的小精灵走位躲开了步兵追杀。"

"Moon 双线技术还是厉害。"

Moon 直接利用双线操作避免了己方小精灵单位的死亡，同时开始修复战争古树。这个时候解说员需要告知观众的是场上选手的选择和所做出选择的合理性。往往在比赛初期，双

Sky 对战 Moon 截图二

方会尽量避免损失，因为这些损失有时难以通过其他形式得到补偿。

"Sky 这时候直接一本 Tower Rush 先头部队民兵直接开始近点起塔。"

"大法师带着步兵也往这边靠拢。"

"Moon 直接就近战争古树，2 级的熊猫卡点。"

"熊猫回到基地，AC、黄皮集火点射农民。"

"AC 隐身，黄皮不断走位，建 BR。"

"熊猫一口火，AC 齐射，直接把第一座塔点掉。"

Sky 对战 Moon 截图三

此时双方已经进行了交火和资源的互换，这个时候的取舍就非常重要，往往需要解说员对关键的建筑和战斗单位进行解读，而关键建筑和战斗单位布置的成功与否也决定着这一部分资源交换的优劣势趋向。

"这时候绿皮也过来。"

"Moon 的战争古树建好了。"

"Sky 又一波民兵，直接杀向 Moon 第三棵古树。"

"正面部队已经被 Moon 杀光了。"

"就剩大法师一个。"

"Moon 直接在商店起（买）了鞋和单传（道具）。"

"Sky 这时候开始练自家的雇佣兵点位了。"

"买出黄皮和绿皮。"

"卖了宝物，买了鞋。"

"直接去抓 Moon 的分矿。"

Sky 对战 Moon 截图四

"熊猫不在，熊猫在探 Hum 分矿。"

"Sky 直接集火黄绿皮。"

Sky 对战 Moon 截图五

在选手寻求其他资源用来作为补偿时，作为解说员就应该准确地预估选手在商店中所购买装备对接下来决定的影响。这也是非常关键的一点，装备往往代表着接下来一点时间内选手的战术选择。

"家里升好了二本，圣塔起来了。熊猫没法屠农。"

Sky 对战 Moon 截图六

像前文提到的，职业选手在损失一部分经济之后会寻求一定的补偿，而针对这种心理应该做好的防范也是解说员需要告知给观众的。

"熊猫单传回来了。"
"这时候 Sky 的步兵升好顶盾了。"

Sky 对战 Moon 截图七

"直接冲暗夜这边。"
"Sky 中间酒馆买了娜迦。"
"暗夜这时候在练鱼人点位，被抓了。"
"熊猫在往回赶。"

Sky 对战 Moon 截图八

"娜迦卡住，直接换掉这边 BR、AC、小泥人、黄皮，赚了这波。"

Sky 对战 Moon 截图九

直到这里，双方的选择都围绕着交换资源展开，当然，这里的资源不仅限于经济、经验，还有接下来战场的主动权，在这个时候解说员需要紧跟场上形势的变化进行准确的解读和预测。

"但 Moon 这边熊猫已经四级了啊。"

"追着大法师，大法师一丝血，娜迦复活了，冰箭，绿皮卡位，救下来了。"

"绿皮丝血，可能走不了了，哎，这边牧师回血。"

"走位，漂亮。"

"绿皮没死。"

"熊猫传到市场，Sky 过来了，但是练完了。"

Sky 对战 Moon 截图十

Sky 对战 Moon 截图十一

"喝了净化药水，在市场这边是不是要遭遇。"

"Moon 被压到家里。"

"Moon 知识古树刚开始产鹿。"

"Sky 想抓这波时间点，把部队运过来；Moon 这边（用）战争古树，顶一波伤害。"

"我们看 Sky 这边已经 50 人口了。"

"Moon 想杀娜迦，娜迦死了，看这边熊猫，换掉了。"

由于战场一直围绕着 Moon 的基地，所以 Sky 在队伍的数量上一直占有优势，推进也就成为了 Sky 的战术选择，而与此同时，Moon 熊猫强势期的来临也预示着这位英雄单位将会影响战局走势，所以在这个时候关注双方交战的结果的同时也要关注 Sky 的队伍推进的进度。

Sky 对战 Moon 截图十二

Sky 对战 Moon 截图十三

"熊猫买活了。"

"（Moon）赶紧回家补状态，小鹿召回来。"

"Sky 直接压进去，打鹿。"

"Moon 选择换经验，想让熊猫升6级。"

"Sky 这边不断拉扯。"

"熊猫六（级）了，Sky 要快退。"

"熊猫不断追着 Sky 这边，死了三个牧师。"

"大招时间到了，Moon 回程补给。"

"这边还有一个火枪，直接（被）杀了。"

Sky 对战 Moon 截图十四

Sky 对战 Moon 截图十五

Moon 在这段时间内一直寻求快速提升等级，而 Sky 也在进行不断地拉扯以防止 Moon 通过技能释放轻易击杀单位来获得经验，这是双方选手针对各自优势点进行的博弈，在强势期 Sky 会尽量避免与熊猫发生接触，更多地偏向收集资源来扩充人口。在这个时候，解说员也应该把上述情况作为解说的主要内容。

"Sky 这边整理部队，50 人口直接压过去。"

"这边 Moon 还在等大招，大招好了直接回城喝净化。"

**Sky 对战 Moon 截图十六**

**Sky 对战 Moon 截图十七**

**Sky 对战 Moon 截图十八**

"卡住了娜迦位置，娜迦死了。"

"这边大法师也跑不了。"

"大法师也死了。"

Sky 对战 Moon 截图十九

从这个时候我们就可以知道，Moon 熊猫的大招是改变战局的重要因素，所以及时向观众解读场上 Sky 的推进形势和 Moon 熊猫的大招 CD 是必要的。

"这边 Sky 还有部队。"

"熊猫扛不住，直接去酒馆埋伏大法师。"

"带鹿埋伏大法师。"

"大法师活了，被追。"

"娜迦活了，直接冰箭、叉状闪电。熊猫没了！"

Sky 对战 Moon 截图二十

Sky 对战 Moon 截图二十一

在游戏的最后阶段，Moon 仅剩一个熊猫苦苦支撑，所以这时候只需要关注这个熊猫的动向以及大招 CD 即可，但这个信息我们同样需要告知观众，并且对最后一次娜迦的位置拉扯也需要做特别说明，因为娜迦的出现及对熊猫位置的限制拯救了好几次大法师。

"Moon 打了 GG，Sky 赢了！"

Sky 对战 Moon 截图二十二

比赛结束，这场比赛因为两位选手你来我往的战术博弈和对场上形势的准确判断成为了一场精彩的经典之战。其实在比赛中我们不难发现，为了取得胜利而寻求将己方优势扩大化所做出的所有选择都可以构成战术博弈的重点。作为一名解说员，找到双方所依仗的优势点，并把双方选手做出的选择跟优势点的发展相结合，就可以准确地判断场上即将发生的资源争夺，例如关键英雄单位的等级、战斗单位及建筑的保护，这些都可能成为一场战斗的导火索，而为战斗所付出的代价和取得小规模较量胜利的概率是选手们通过个人理解和种族特性所做出的判断。这些判断会随着选手理解的不同而发生变化，由于解说员处于上帝视角的位置，会获得更多的赛场信息，所以综合这些信息所做出的关于未来发展的判断也就更加全面，这时候就需要我们把这些判断传递给观众，让观众更好地理解赛场情况和走势。

综合以上两款具有代表性的 RTS 类游戏来看，RTS 类游戏更多地要求解说员时刻关注场上的关键信息，如选手各自侧重的建筑单位往往会对后续的局势产生决定性的影响。对这些信息进行清晰的阐述及开展准确的预测是作为解说员需要具备的能力和特质。

总的来说，在赛前阶段，根据双方的种族选择进行大概说明，包括双方历史战绩、对抗优劣势时间段的预测，以及两个种族在接下来的比赛中强势期来临的关键资源争夺，这些情况都是作为解说员所必须要掌握的信息。而在赛中阶段则需要对双方建筑和兵力分配做详尽说明，在这个时候需要解说员更加仔细地注意双方种族强势期的来临，因为这个时间点是可以通过场上信息的整合进行预测的。当双方强势期出现交叉，选手个人通过场上形势的判断所做出的交战决定就会成为影响战局倾向的关键，当双方强势期没有交叉点时，解说员就需要注意选手个人在己方强势期还未到来时的选择，不管是避战还是选择拉扯，这些行为想要达到的己方战术目的都需要进行详细说明。比赛的最后阶段，往往在大局已定的情况下双方会选择一波最后的交战，在这一波交战中，关键角色的关键技能是解说员需要注意的，同时，在交战实力相差较为悬殊的情况下，解说员需要在情绪及以往交战记录，甚至场中出现的优势转换节点上进行补充和说明。

可以说当今很多其他类型游戏的特性都有 RTS 类游戏的影子，它所强调的实时对抗为电子竞技的诞生提供了蓝图，作为一名电子竞技解说员，掌握 RTS 类游戏的解说技能可以更好地理解其他类型游戏的解说方式。

## 第四节　集换式卡牌类游戏

### 一、主流集换式卡牌类游戏的竞赛规则及竞赛方式

集换式卡牌类游戏（Trading Card Game，简称TCG）属于卡牌游戏中的一种，游戏过程往往采用回合制，且回合遵循着一定的架构。TCG 类游戏原则上一般为 2 人对战，而对战所需要的牌组也由对战双方的个人持有。TCG 类游戏通常具有大数量的卡牌，而对战双方均可以通过自由组合一定数量的卡牌来达到自己的战略目的。基于公平的竞赛原则，TCG 类游戏会设置一个点数系统，以此来决定最后的胜利条件或一场游戏所需要的时间，这样的系统在电子竞技游戏和线下竞技游戏中广泛存在。

TCG 来源于交换式卡牌游戏，起初多半是以收集本身为目的，后来由于扑克牌、UNO等古典卡牌游戏的发展，在不断丰富了卡片内容结构的同时，还增强了游戏对战中的公平性，才逐渐演变成今天的集换式卡牌类游戏。

1993 年，美国数学家理查·加菲尔德设计、威世智公司发行的《万智牌》被视为是这股潮流的先驱，主要以游戏玩家为发售对象的《万智牌》具备游戏时长短、只需要用心准备和研究就可以变强的特色，与当时流行的桌上角色扮演游戏和模拟游戏完全不同，很快地就成为了畅销游戏。此后，受到《万智牌》的影响，出现了各种各样的集换式卡牌类游戏。

1996 年，Media Factory 发售的《神奇宝贝卡片游戏》在市场上广受欢迎，这种以动漫

为题材的卡牌游戏在一定程度上丰富了卡牌本身所具备的收藏价值。1997 年日本的出版公司富士见书房为了对抗《万智牌》推出了原创角色 TCG《Monster Collection》，该游戏颠覆了过去 TCG 战场中分为敌方和己方的定则，并且加入了"进军""队列""即时召唤"等独自要素，以独自的规则所设计而成。经过漫长的发展和完善，TCG 的竞技性和收集性得到了较好的平衡，在国内，由前景传播所开发的以三国文化为背景的《三国智》集换式卡牌游戏，以及由千智桌游开发的以中国、外国神话历史为背景的《永恒之轮》集换式卡牌游戏都获得了不同程度的好评

随着技术的发展，在网络普及后，TCG 厂商在以往所采取以高昂价格发售高强度卡牌或稀有卡牌的策略受到了巨大影响，为此，TCG 厂商逐渐迈向了重视游戏系统的道路，例如，2005 年重视比赛性质的赏金制 TCG《Dimension 0》的出现，它的成功也促使了很多的TCG 厂商修改了自己的侧重方向，在设计独特的卡牌内容外更加能够兼顾到游戏系统的完善程度。

如今，我们能够接触到的电子竞技层面的 TCG 游戏相对来说比较固定，而这也是它们的特性之一，某些游戏会具备固定的人气，这些游戏的推广往往依靠厂商本身，这也就导致了玩家不太容易接触到新的 TCG 游戏。目前在电子竞技赛场上活跃的 TCG 游戏是《炉石传说》，这款游戏也作为 2018 年雅加达亚运会的表演游戏出现。

（一）主流集换式卡牌类游戏的竞赛规则

TCG 游戏通常采取 1V1 轮流回合制，正常情况下玩家在自己的回合中可以抽取一张卡片，并根据卡牌的使用规则进行使用。在 TCG 游戏中，最终目的是使用自己的牌组打败对方的牌组，这也就意味着牌组的构成本身决定了一切，由于牌组是从几百张以上不同的卡牌所选出组成，组合变化没有一定的上限，不过在 TCG 游戏中，会有一些比较经典的牌组组法，很多战术也由这些牌组组法演变而来。每位玩家都可以依照自己的风格构建牌组，而对战双方常常通过对经典牌组的研究和理解进行针对性的补足和加强。

无论是哪一种牌组，都一定要有可以制衡它的牌组存在，这是对抗的基本要素。基于竞赛公平性的考虑，足以破坏游戏平衡的牌组中的关键卡牌会被官方禁止在比赛中使用，也就是"禁牌"。关于卡牌的规定，在不同的电子竞技赛事中也会有不同的呈现，这些规定往往是针对某些关键卡牌的使用限制。

除此之外，玩家必须以有限的次数和固定的顺序进行游戏行为，涉及使用卡牌的游戏行为往往需要符合卡牌规定的条件，而最终的胜利条件也以点数为计算方式，点数通常以生命值的方式呈现。

（二）主流集换式卡牌类游戏的竞赛方式

由于 TCG 游戏卡牌数量有限的特点，玩家在游戏过程中不需要进行复杂的操作，博弈往往在前期制作牌组的过程中完成。在对抗时，根据手中卡牌的组合情况选择最优的卡牌使用顺序和方案是游戏对抗的核心。

在每一场游戏中，通常具备以下五个流程。

游戏开始：在开始或一局结束后，场上的牌库和点数系统会重置。

抽牌：从己方牌组中随机抽取一张卡牌，而这张卡牌可以被使用。

用牌：根据手中卡牌的规定内容使用卡牌。

对战：利用已经使用出的卡牌的能力或自身的能力进行战斗。

结束：一方取得游戏胜利。

在游戏过程中，除开始和结束外，在符合规定的前提下，玩家在自己的回合中可以进行抽牌、用牌或者对战中的任意一个游戏行为。在不同的游戏中也会有除了上述五个流程之外的选择，但基本上是围绕着规定的卡牌数量进行设置。

在 TCG 游戏中，往往会存在点数作为每回合使用卡牌的限制，例如《炉石传说》中的法力水晶，这些点数会随着回合或时间的增加而增加，基于公平性的原则，消耗点数多的卡牌往往具备更强的能力，这也为一些策略提供了选择，即可以通过某些回合放弃使用卡牌的方式积攒点数。

由于对抗过程中牌组的重要性，玩家需要在前期组合卡牌时考虑到多种情况，有些卡牌是需要与其他卡牌组合才能发挥作用，而有些卡牌自身就可以提供强大的攻防能力，但这样的卡牌往往需要耗费大量的点数成本，这些特点都使 TCG 游戏变得更加具有竞技性，也促使了电子竞技赛事中 TCG 游戏比重的增加。

TCG 游戏更多的是考验玩家对于牌组的理解和对于卡牌搭配的经验，这也使得该游戏的电子竞技赛事中没有对年龄及反应速度较大的依赖，而游戏时长短、不需要复杂的操作的游戏特点也在一定程度上推动了 TCG 游戏的普及和发展。

每个 TCG 游戏都有它独特的卡牌构成体系，作为解说员需要深入了解每个游戏中的卡牌特性及牌组特性才能更好地针对场上形势做出分析和预测。接下来我们选取在 2018 年雅加达亚运会电子竞技表演游戏中亮相的《炉石传说》作为分析对象，以便帮助大家更好地理解 TCG 游戏。

### 二、主流集换式卡牌类游戏的竞技特点（以《炉石传说》为例）

《炉石传说》（Hearthstone）是 2014 年由暴雪娱乐公司开发和发行的集换式卡牌类游戏，通过建立在魔兽系列上的故事背景进行卡牌的内容设定，使用含有 30 张牌的牌组和具有独特能力的英雄进行对抗，玩家可以通过他们有限的法力水晶来发挥英雄能力或使用卡牌，胜利目标是摧毁对方的英雄单位。

在《炉石传说》中，有九个类型的英雄单位可供玩家选择，分别是战士、萨满、盗贼、圣骑士、猎人、德鲁伊、术士、法师和牧师。所有的英雄单位都拥有独特的卡牌和能力，这些卡牌和能力有助于玩家根据所选择的英雄进行牌组组合以发挥最大的作用。所有的卡牌都需要一定数量的法力水晶，每个玩家都必须遵守法力水晶的个数来使用卡牌，法力水晶每回合会增加一个，上限为每人十个。卡牌的种类有很多，包括武器、法术、随从等。每个类型的卡牌都具有独特的作用，武器可以帮助英雄单位直接参与攻击；法术具有特殊的效果，可以通过不同的方式影响对局；随从可以直接被使用，并且携带冲锋或嘲讽之类的效果。

在对局中，《炉石传说》也遵循着主流集换式卡牌类游戏的特点，通过互换回合的方式进行对抗，每一个己方回合开始时，都可以从事先组合好的牌组中间抽取一张卡牌，根据己方法力水晶或战术需求进行卡牌的使用。

除了基本的游戏规则之外，《炉石传说》也具备着更加贴近实体卡的游戏体验。

三、主流集换式卡牌类游戏的解说方式

其实在 TCG 游戏中，几乎没有真正涉及细微操作的情况，大多数情况都是在抽取卡牌之后对于整套牌组及对抗走向的预测，这也就要求解说员们更多地了解牌组的组合方式及特点，针对不同法力水晶时期的优劣势情况进行阐释说明。本节选取的是 2018 年炉石传说中欧对抗赛决赛中，中国选手孙力伟（xiaoT）对阵荷兰选手 Thijs 的比赛。

"这是一场法师内战。"

"不过 xiaoT 手牌非常好，应该会留浮龙和刀。内战（中）刀还是蛮重要的。"

xiaoT 对战 Thijs 截图一

"内战有刀，前期解场。"

"对，解着解着挂刀基本就差不多了。而且还有浮龙，基本可以度过。"

开场的选牌阶段，由于完全随机，所以出现的牌往往需要解说员来说明其对战局的影响。明显可以看到，在开局阶段，xiaoT 取得了一部分卡牌上的优势，而这些牌对于后续战局的影响也显而易见。这些影响不单单是指牌面本身的技能，还会影响到处理场面卡牌上的心理优势。

"我们看到 Thijs 已经天崩地裂了。"

"Thijs 这个开局只能从头到尾靠一个抵挡。"

"需要又抽一又抽二。"

"xiaoT 选择了浮龙和秘法学家。"

xiaoT 对战 Thijs 截图二

由于法力水晶的递增特性，如何度过前期水晶数量有限的时期是非常重要的。双方统一的英雄特性又为对比前期牌组能力提供了一样的标准。解说员此时可以根据选手手中卡牌的数量及影响做出后续判断，这个后续判断不仅限于还未出现在选手手中的牌组中的卡牌，也可以围绕目前选手所想要采取的战术选择。

"其实还需要寒冰箭把阿曼尼打下去。"

"浮龙。"

"这边肯定是阿曼尼了。阿曼尼对于浮龙是个小压制。"

"我们看看上面，雕文。"

"雕文其实也可以，过到任何一个一二三都可以白吃。"

"最好就是直接过个法，完全OK。"

"硬币挂了之后白吃你。"

"能卡就卡，其实找个冰箭最完美。"

"如果找到的话，不仅冰箭可以打出去，还额外加了一攻。"

"或者xiaoT有没有可能为了自己节奏完美上秘法学家呢。"

"秘法学家其实是3费，其实节奏也乱了。"

"还是需要开雕文。"

"这两个奥秘，只有冰甲内战还可以吧。"

"但xiaoT选择了蒸发。"

"那肯定要硬币挂了白吃掉。"

"这样卡Thijs节奏。"

xiaoT 对战 Thijs 截图三

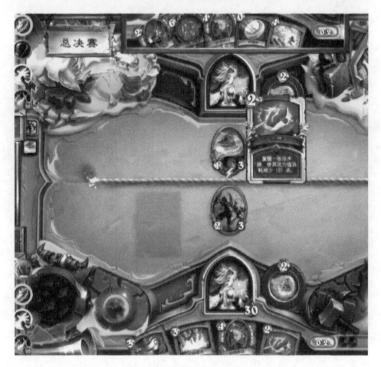

xiaoT 对战 Thijs 截图四

xiaoT 对战 Thijs 截图五

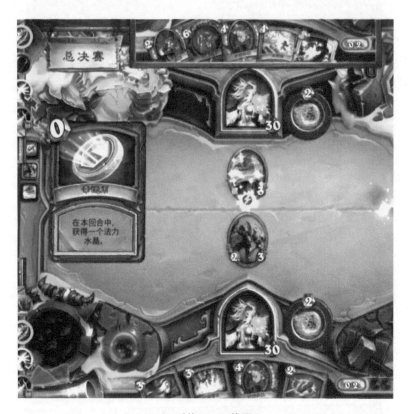

xiaoT 对战 Thijs 截图六

在这里发生的一些情况就体现了 TCG 游戏的随机性。抽到某些关键卡牌之后是可以对战局产生直接影响的，这些影响往往体现在有能力直接解决场上单位上，解场后的主动权是很大的优势，这个时候对方的战术布置就会出现节奏断档。回到本场比赛，这个影响来自于奥秘，由于奥秘的不可知性，所以双方对于卡牌的使用都会存在一定的顾虑。

"这里（其实）内战不管蒸发还是冰甲，首先就是起到了欺骗对手的作用。"

"因为这个奥秘不好试。"

"这里是不是还是考虑先压怪。"

"但压怪的话，下拨可能又要卡费。"

"上秘法学家。"

xiaoT 对战 Thijs 截图七

"Thijs 这边是越抽越远了。"

"一定要挂奥秘的。"

"就是挂哪个的问题。"

"对于 Thijs 来说最难办的就是对方头上的问号，很难决断。"

由于双方都无法得知对方手中的卡牌是什么，所以猜测和实际测试的过程也显得尤为重要。奥秘的存在让 Thijs 有所忌惮，只能通过测试来看看到底对方的奥秘会不会干扰接下来己方战术的布置。

"正常思路就是要挂爆炸，先试一下。"

"奥秘不触发就更难受了。"

"xiaoT 这边看看，肯瑞托，完美。"

"肯瑞托把爆炸试出来。"

"那 Thijs 这边节奏已经全部没了。"

"这边没办法，只能上秘法学家试一下了。"

"这样第一个试出来是爆炸。"

xiaoT 对战 Thijs 截图八

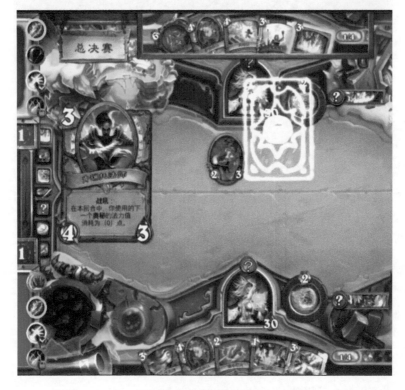

xiaoT 对战 Thijs 截图九

xiaoT 对战 Thijs 截图十

"另外一个如果是镜像或克隆会先触发。"

"所以另外一个就不是这些。"

"那就必须是蒸发和冰甲或者扰咒中的一个了。"

"扰咒的话就很烦，如果你用 4 + 1 的话就会打偏。"

每个奥秘都有自己独特的反应机制，如果猜测错误就需要付出一定的代价，所以选手往往会通过自己的判断来进行尝试，这个时候解说员需要做的是将尝试后的可能结果做一个简单的预测，并进行相应的解释。

"这边应该是 Thijs 在想挂哪个奥秘。"

"他选择先挂法反。"

"但 xiaoT 如果用奥术智慧破法反就赚了。"

"xiaoT 这波可能要上怪，如果求稳就巫师学徒。"

"上了奥术智慧破法反，那这波赚了。"

前面我们提到的测试奥秘的选择中，选手 xiaoT 在尝试过程中用了一个相对比较小的代价就破解了奥秘。由于自己手中的卡牌里有刀的存在，这个时候也会给对方一个错觉，即双方都认为自己处于优势状态下。

xiaoT 对战 Thijs 截图十一

xiaoT 对战 Thijs 截图十二

xiaoT 对战 Thijs 截图十三

"Thijs 觉得他赚到了。"

"他手牌比 xiaoT 多。可以打质量把 xiaoT 打死。"

xiaoT 对战 Thijs 截图十四

"这个场面在双方的视角看都是乐于接受的。"

"这个是因为刀这个东西是未知的。"

xiaoT 对战 Thijs 截图十五

"挂刀的一霎那 Thijs 的表情就变了。"

"Thijs 已经没有奥秘了。"

"他现在上了雕文。"

xiaoT 对战 Thijs 截图十六

"他要赶快抢伤害。"

"一般对面挂了刀,他剩下的不会超过 3 个回合,他要赶快找伤害了。"

"又雕文。"

xiaoT 对战 Thijs 截图十七

"直接奥术智慧。"

"他现在考虑过牌。"

"然后扰咒一挂。"

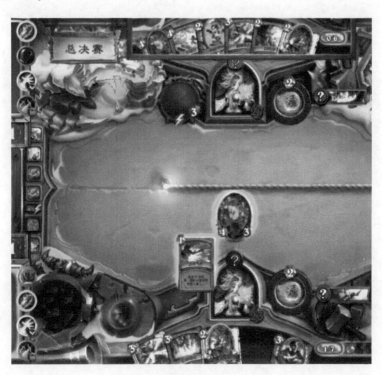

xiaoT 对战 Thijs 截图十八

"Thijs 心还是挺细的，防蒸发，肯定要先奥弹。"

"他希望这是个冰甲，结果是个蒸发。"

　　改变本场比赛走向的卡牌出现了，场面上的手中卡牌数量的优劣势换边，此时 Thijs 的解决方式是尽快找齐伤害，由于对方卡牌每回合都会扩大优势，所以需要尽快解决战斗。此时的解说员应更直观地告知观众两位选手将做出的决策。

"XiaoT 要来试奥秘了。"

"先当它是个爆炸。"

"上个秘法学家。最不值钱的。"

xiaoT 对战 Thijs 截图十九

"上个巫师学徒，挂个反制，然后冰箭奥弹全打了，手里伤害太多了!"

"没有必要强行堆法强，肯定会抽到更多伤害。"

"先巫师学徒，然后拿一个去试试反制，不是的话再把自己的反制挂上。"

"这个时候自己有刀对面没刀应该跟对面优先换牌。"

"其实我觉得应该把伤害都交了。"

"下一波如果巫师学徒死了，伤害是打不完的。"

"还是一个都没舍得打。"

"肯瑞托然后挂一个奥秘。"

"如果巫师学徒不死的话那 Thijs 应该就直接没了。"

"几乎是已经坚持不了了。"

"这里可以 4＋1＋1＋1。"

"浮龙加迸射。"

"两个奥弹一扔。"

"正好开个扰咒。"

"完美。"

"奥弹打完就 13 血，可以直接恭喜 xiaoT 了。"

"时间拖得越久，武器优势越大。"

"最后火球冰箭，直接带走。"

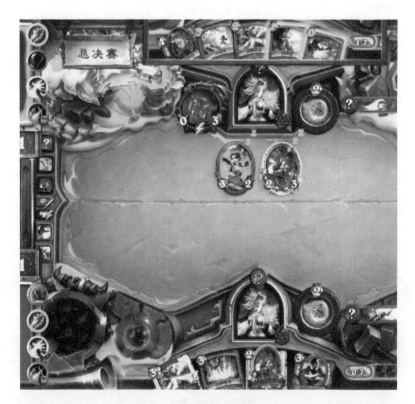

xiaoT 对战 Thijs 截图二十

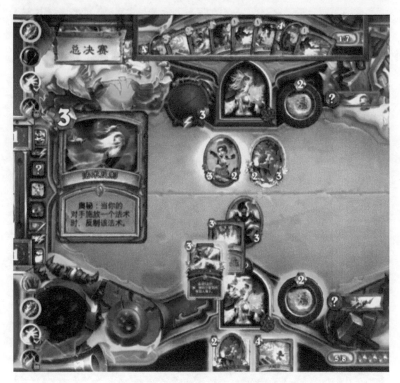

xiaoT 对战 Thijs 截图二十一

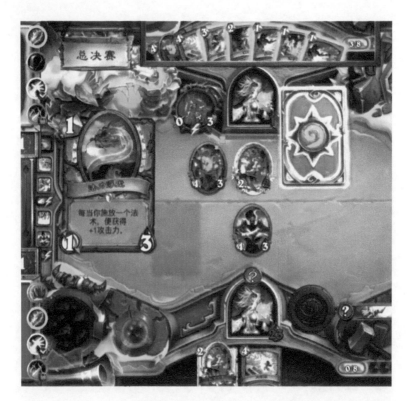

xiaoT 对战 Thijs 截图二十二

xiaoT 对战 Thijs 截图二十三

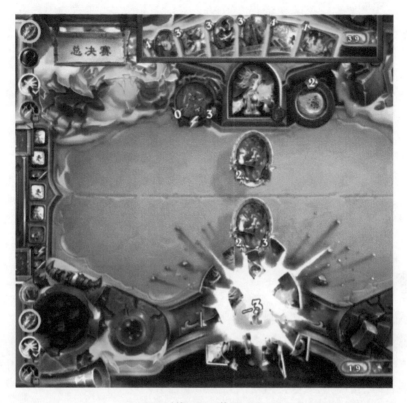

xiaoT 对战 Thijs 截图二十四

Thijs 本希望对手手中没有更多可以直接造成伤害的卡牌，但挂刀之后所带来的巨大卡牌数量优势使比赛失去了悬念。在整场比赛中，有起初选择卡牌时随机性带来的优势，也有卡牌组合在博弈中所带来的优势，在面对战局变化时，两位选手所做出的选择和判断是至关重要的。这些选择和判断同样会影响接下来的局势走向。通过对这场比赛进行解说分析不难发现，在一场比赛的起始阶段，那些符合英雄特性的卡牌一旦出现就会为己方带来潜在优势，而这个优势对于很多观众来说又不是那么显而易见可以理解的，所以这个时候就要求解说员尽量将该卡牌所能够带来的优势和破解方案进行详细的阐明，包括接下来双方抽出的卡牌对基于该卡牌的战术的影响，例如有些卡牌会加速己方优势的扩大，而有些卡牌则利于对方的破解。而接下来那些需要费用比较少的卡牌的出现则各有用途，有些是为了尽量控制场上卡牌数量，而有些则是为了削减对方血量或防守，这些卡牌的用途往往会与几个关键卡牌相呼应，在这个时候解说员对于下一张卡牌出现时对战局影响进行分析就显得尤为关键。

在 TCG 游戏中，一张牌就改变战局的情况常常出现，特别是在大家竞技水平接近且牌组的优劣点都十分了解的情况下，在某一个卡牌出现的时机上做准确的判断就显得更加重要。作为一名解说员，根据这些卡牌的特性进行局势分析，乃至对牌组中剩余卡牌对局势影响进行预测，都十分重要。

TCG 游戏与电子竞技中的其他游戏有所不同，其他电子竞技游戏基于细微操作所带来的优势在这个游戏中不复存在，这个游戏中更注重牌组的组合和在局势的判断层面进行博弈，新的卡牌的出现及卡牌属性的改变都会对赛事产生极大影响，所以解说员对于游戏的熟悉程度就显得更为重要，这里的熟悉程度不仅仅是卡牌的内容，还有牌组和英雄之间的克制关系，通常这种克制关系会因一张卡牌的出现而影响战局的走势。从初始阶段的选牌到前中期法力水晶数量的控制，以及后期对于对方手中卡牌的判断，都是决定能否取得胜利的关键所在，选手和解说员都需要学习和掌握。

很多观众在观看 TCG 游戏时更多的是希望学习到丰富的卡牌组合及卡牌理解上面的经验。作为一名解说员，根据观众的需求进行针对性的解读和分析，这是提升自己解说内容质量的方法之一。解说顺序也可以参照上述所提到的，由第一次选卡开始的场上局势说明和卡牌预测，渐渐引申到卡组的优劣势分析，再逐渐到场上局势所关注的关键卡牌的提示。将这种解说方式与个人的语言特色相结合，就可以形成属于自己的解说特点。由于每一位解说自身的特点不同，所选择的侧重方向也不尽相同，侧重于卡组预测的往往可以和那些具备透彻的场上分析能力的解说相搭配，这样的组合也常见于现在的解说岗位中。

## 第五节　格斗及其他类游戏

### 一、主流格斗及其他类游戏的竞赛规则及竞赛方式

在电子竞技发展的历史中，除了前几节提到的几种典型的游戏类型外，还有一些其他的游戏类型，由于受众的范围及竞技游戏本身的原因，它们在现在或许没有之前几种游戏类型受欢迎，但是它们依旧是电子竞技游戏的重要组成部分。

早期的竞技类游戏中，比较风靡的当属格斗类游戏。格斗类游戏（Fighting Game，简称 FTG）属于动作游戏的一种，一般由玩家操作屏幕上自己的角色与对手进行近身格斗，双方所操控的角色实力均衡，完全依赖玩家纯熟的诸如进攻、防御、反击、连招等操作技巧达到最终胜利。通常情况下格斗游戏以一对一的形式进行比拼，在一些赛事中也会设置团队赛，由队员轮流进行对决，这些比赛形式由于电子竞技运动的发展而不断地变化，但格斗类游戏的核心依旧是个人对角色控制能力的比拼。

最早的以拳头格斗为特色的游戏是 1976 年世嘉发布的街机《重量级冠军》（Heavy-weight Champ），但 1984 年风靡市场的游艺街机《空手道冠军》（Karate Champ）确立了本类型游戏一对一的对战形式。此后，更多具备自身特色的格斗游戏出现，它们先后补充了诸如多变的战斗风格、隐藏的特殊攻击等内容，但都是建立在一对一对抗的基础上。在这里值得一提的是，1991 年 Capcom（卡普空）发布的《街头霸王Ⅱ》（Street FighterⅡ）取得了巨大的成功，它改进了前面几款游戏中出现的或大或小的弊病，并从隐藏技能的平衡性和人物战斗风格的丰富性两个方面做出了更完善的设计。随后，格斗游戏在 1990 年代早期甚至中期成为了竞技类游戏中的卓越类型，这个时期出现了大量的热门格斗游戏，包括我们熟知的《拳皇》《真人快打》《铁拳》等。

由于时代的发展，格斗游戏慢慢变得不复往日的光彩，许多开发商把原因归为日益复杂和更加网络化的游戏趋向，但与格斗游戏本身匹配系统的不完善也有直接的关系。尽管格斗游戏风光不再，但不可否认的，格斗游戏带给电子竞技的启发和影响力在今天依旧不容忽视。

与格斗类游戏式稍微不同的是，模拟体育类游戏在今天依旧活跃在电子竞技的赛场上，

从 1958 年第一款双人网球比赛被移植到电子设备上开始，人们开始注意到，将体育运动用电子游戏的形式呈现出来，可以满足没有场景进行体育运动的人们的需求。模拟体育类游戏（Sports game）是一种模拟实际运动的电子游戏类型，有些模拟体育类游戏强调实际运动性，例如《疯狂橄榄球》（Madden NFL）系列、《极品飞车》系列，而有些则更加强调策略和运动管理，例如 EA 的足球系列，虽然两种类型的侧重方向不同，但是它们都同样符合该游戏实际进行中的一些规则，有时会根据电子游戏的需求进行一定的改变，例如《极品飞车》系列中碰撞后对操控的影响，还有 EA 足球系列人物能力值的调整等。

模拟体育类游戏的历史非常久远，从 20 世纪 60 年代开始，已经有很多厂商在尝试陆续制作和发布基于电子设备平台的模拟体育游戏，尽管当时的硬件和软件设施都不完善，游戏本身的设置也仅仅能够执行简单的规则判定，但这些游戏的出现无疑让模拟体育类游戏向前迈进了一大步。在众多游戏中，1990 年发布的《疯狂足球》（Madden Football）是迄今为止北美最畅销的模拟体育游戏之一，它更加专注于创造直观的界面和一种头对头的显示方式。在《疯狂足球》系列取得重大成功后，EA 公司组建了 EA Sports。自此，EA Sports 创造了众多广受欢迎的模拟体育游戏系列，每年都会发布新的版本。

除了以上几种类型的电子竞技游戏之外，还有一些独特存在的游戏类型，它们往往兼顾着不同类型电子竞技游戏的特点并加以整合，形成了崭新的游戏形式，例如同时拥有着 RTS 类游戏特点和卡牌类游戏特点的《皇室战争》。随着手机等便携式电子设备及网络的发展，移植在不同设备上的电子游戏同样也涌现出了一部分适合作为电子竞技的游戏，比如 MOBA 类游戏《王者荣耀》。在这些可以找到参考类型的游戏之外，很多休闲类的游戏也进入到了电子竞技的视野，同样拥有着很多的受众。

### （一）主流格斗及其他类游戏的竞赛规则

格斗类游戏比赛通常包括几个回合，一般为五局三胜，赢得回合数最多的玩家胜出。在格斗类游戏的比赛中，有一个普遍的特征是每个角色都有固定的生命值，当角色遭受攻击时生命值会减少，直到一方生命值为零时宣告回合结束。但有些游戏的比赛中每回合会有固定的时间，在固定时间结束后剩余血量较多的一方获胜。这是格斗类游戏大体的获胜情况判定，在不同的游戏中会有不同的呈现方式，例如《VR 战士》中的胜利判定中含有将对方推出场地外的方式。

模拟体育类游戏的规则判定则更加贴近实际运动的情况，足球、篮球以固定时间内的比分来判定哪一方获胜，其他需要裁判主观评分的游戏在电子竞技中则没有较大的影响力，由于很多数据可以通过处理进行量化，这也能更方便我们理解选手双方的策略及战术布置，从而更加直观地判定哪一方可以取得胜利。除了上述广受欢迎的模拟球类运动的游戏外，模仿赛车的游戏也很受欢迎，而这些游戏中的车辆也都从各个知名赛车厂商那里获得了授权，更加全面地完善了游戏中车辆有关操控性和动力的平衡。至于胜利规则的判定则比较简单，在同一条赛道上哪一方完成整条赛道用时最短则为胜利，同样的，各个游戏所采取的制作角度不同，所以具体到每个游戏中的胜利规则判定也不尽相同，但大都符合这一规则。

结合其他类型特点的电子竞技游戏就更为多元化，往往会有两个胜利条件可供选手依据场上形势进行选择，这也就促进了更多战术的产生，规则也往往更加偏向限制某类战术的过大优势。

（二）主流格斗及其他类游戏的竞赛方式

在格斗类游戏中，往往有着以下的特点，这种独特的竞赛方式也与其他竞赛方式有明显的不同。

第一，格斗游戏往往是 1V1 的对抗。

第二，格斗游戏的所有攻击几乎都可以造成被攻击方的硬直。

第三，格斗游戏的防御和闪避等让自己避免受到损失生命值的技巧一般是无冷却的。

第四，格斗游戏的防御或闪避一定是有效的，没有技巧的连续攻击没有办法破坏整体防御。

第五，在对方进行攻击行为时，一定要有有效的我方攻击行为技巧可以使用，例如判断攻击动作的高低、攻击的距离等。

第六，格斗游戏的双方角色在画面上不可以重叠。

第七，格斗游戏的个别攻击设定必须有明确的优缺点。

虽然格斗类游戏起初只可以进行简单的高、中、低的拳击和腿击，以及跳、走、蹲等动作，但组合各种技法进行对抗却使玩家乐在其中，这就是简单直观的对抗模式带来的好处。与此同时，这种模式在持续时间久了之后却会形成后劲不足的情况，针对这种情况，隐藏技能应运而生，玩家必须按下复杂的组合按键才能将这种技能发挥出来，自从这种技能被开发出来之后，简单的拳脚及动作组合技能开始流行，这些连续招式的练习对选手反应能力和记忆能力要求极高。在一些比赛中，使用复杂组合连招的收益和风险成正比，但经典的对决都是由这些操作所诞生。

格斗游戏中也提供多种独特战斗风格和特殊招式的角色选择，这些角色的选择带来了更深层次的战术博弈，虽然角色的整体强度相同，但选手们往往会根据自身特点或克制关系来选择角色。格斗游戏的规则相对来说比较简单，由于游戏模式的简洁带来的个人操作占比之大超过了几乎所有其他的电子竞技游戏，这也使得格斗类游戏拥有着自己独特的魅力。

模拟体育类游戏由于种类的繁多，规则也不尽相同，但进入到电子竞技游戏中的游戏都遵循着为双方设置公平的竞赛环境，所以在一些球类的竞赛游戏中，一些角色是禁止被使用或调整能力值后才允许被使用的，这也就导致了在竞赛环节中选手更偏向于战术配合，而不是单靠一个能力强的球员为自己取得优势。在这种情况下，现实运动体系中的战术掌握就显得尤为重要。

除了模拟体育类游戏外，综合类游戏的竞赛方式显得五花八门，手机端等便携设备上的游戏规则相较于电脑端来说更简单，但大体的胜利判定一般会依据电脑端的参考游戏类型进行。

二、主流格斗及其他类游戏的竞技特点

（一）《街头霸王》系列

《街头霸王》（Street Fighter）系列是经典的格斗类游戏，从 1991 年的《街头霸王 Ⅱ》开始就确立了自己的地位，虽然在第一部《街头霸王》发售时没有第二部那么受欢迎，但一些基础的、包括在目前格斗类游戏中依旧拥有的标准配置（如六个按键及特殊隐藏技能的使用方法）都是由第一部《街头霸王》所带来的。此后，《街头霸王》系列更新的每一个版本都会承接上一版本的剧情，还会更新更多的技能和人物，这也使得《街头霸王》系列成为炙手可热的格斗类游戏系列。起初，《街头霸王》系列只在街机上进行操作，操作系统包括一个标准的八向操纵杆和两个用于拳击和踢腿的按钮，在随后的替代版本发布后，操作系统改为了一个标准的八向操纵杆和六个按钮，这个形式也保存到了今天，尽管今天的《街头霸王》更多是在电脑端，键盘键位的布置也是参考街机模式。

在《街头霸王》系列中，玩家使用操纵杆或键盘上的固定按键控制角色朝向或远离对手角色移动、跳跃、蹲伏和防御，通过攻击按钮和操纵杆或按键相结合可以从站立、跳跃或蹲伏位置执行各种攻击，还有几种隐藏技能需要通过特定的键位组合才可以执行，《街头霸王》也是第一款使用这种概念的游戏。

《街头霸王》系列最新发布的版本是2016年的《街头霸王V》，在这个版本中，可选择的游戏角色一共有16个，每个角色都有不同的技能和攻击特性，虽然整体强度相同，但由于使用方法的不同，也需要掌握了角色特点才能熟练运用。在这个版本的游戏中，血量的数值同样作为评判胜负的标准，而眩晕值则决定了角色的状态，角色每被击中一次，眩晕值就会增加，当眩晕值达到最大时，角色会被击晕，眩晕值也会随着时间而慢慢减少。值得注意的是，《街头霸王V》取消了前作中储存超必杀技的UC槽，角色超必杀技能和必杀技能的使用需要EX能量槽，而V技能的使用需要依靠V能量槽，只有频繁地进攻和防御才可以积攒能量槽，V槽和EX槽技能一般具有极强的控制能力和可观的伤害输出，游戏具有连击设定，连击可以加快V槽和EX槽的积累。这些在第五部中首次出现的设定让《街头霸王》系列焕然一新，众多格斗类游戏爱好者开始重新尝试这款经典的系列游戏。

### （二）《FIFA足球》系列

《FIFA足球》系列是一款以足球为主题的模拟体育类游戏，由EA开发及发布。该系列由1993年底开始获得FIFA官方许可，直到今天，最新版本的《FIFA足球》包括了来自世界各地的联赛和球队，包括德甲联赛、英超联赛、西甲联赛、意甲联赛等高级别联赛，并且在游戏中可以使用真实的联赛、俱乐部、球员的名称及肖像，每一次版本的更新都会加入新的球员，同样也会补充一些新的联赛。截至2018年，《FIFA足球》系列已经被吉尼斯世界纪录评价为"最受欢迎的模拟体育类游戏"。

《FIFA足球》广受欢迎的原因在于它对于现实运动的极好延续性。在最新版本的《FIFA 18》中甚至出现了U23联赛的培养模式，这使得该游戏更好地贴近了现实体育运动中的培养模式，包括战术的及时更新和球员能力值、个人习惯的及时更新都让玩家们的游戏体验更加丰富。

控制游戏中不同位置的角色成为了玩家首先需要掌握的技能，包括不同速度的跑动、传球方式的选择、战术变换的执行等都需要特别的按键进行操作，所以对场上局面的控制往往比看起来要困难得多，这也就使得玩家们进行大量的针对性练习，然后从众多球员中选择符合自己战术决策的球员进行配合。值得一提的是，相比较更多电子竞技游戏夸张的表现手法，《FIFA足球》系列中的数值和实际表现都要更加贴近现实，包括球员状态以及实际运动中的表现都会通过大数据的运算进行判断，这从另一方面也限制了玩家不顾一切地收集能力值高的球员进行竞赛转而去选择更加适合的球员。

《FIFA足球》系列取得的重大成功也带动了其他模拟体育类游戏的发展，包括对实际运动本身的延续也为后续游戏提供了具有相当大价值的参考。

### （三）《皇室战争》

《皇室战争》是一款结合了塔防与卡牌特性的、搭载在便携移动端的游戏，它丰富了卡牌游戏的机制，增加了游戏的可玩性，上手时的简单操作使玩家可以轻易地理解该游戏的规则，但后续卡牌与建筑的无限搭配组合又使这个游戏的精通难度变得非常高。

《皇室战争》中包括 74 种卡牌，而这些卡牌按类型可以分为部队、建筑、法术三大类，部队卡可以召唤出部队来进行攻击，不同的部队攻击对象和手段不同，有的是造成群体伤害，有的是只攻击建筑，值得一提的是，部队卡只能在己方阵地使用，建筑卡可以召唤出防御、进攻或生产部队的各种建筑，这些建筑也只可以己方阵地使用，法术卡则会对敌方卡牌造成伤害或为己方卡牌带来增益，没有使用区域的限制。在游戏中，每个玩家可以选择 8 张卡牌作为自己的出战卡组，而这些卡牌会随机出现在卡槽中，操作卡牌会消耗象征能量值的圣水，每个玩家初始都会拥有 5 滴圣水，圣水会随着时间增长而增加，上限为 10 个，卡牌不同，消耗的圣水数量也不同。

与卡牌游戏相同的是，它一定程度上依赖前期卡牌搭配的策略，但是又有塔防的存在，所以临场的反应策略也非常重要，这也促使《皇室战争》进入到了电子竞技游戏中来。

### （四）《王者荣耀》

《王者荣耀》是一款由天美工作室研发的移动端 MOBA 类游戏，类似于个人电脑端的《DOTA2》《英雄联盟》，基本玩法是通过击杀敌方、推塔、击杀中立生物来获取优势，胜利条件是摧毁对方的水晶基地。由于触摸屏幕的操控方式没有键鼠的操控方式细微，所以技能及画面相较于电脑端的 MOBA 类游戏更简洁，整体游戏节奏也会较电脑端更快，但这种简明、快节奏的游戏方式却以它搭载在移动端的特点而广受欢迎。

在 2018 年的雅加达亚运会中，《王者荣耀》的国际版——《Arena of Valor》作为表演游戏出现，这是社会对它的普及性和竞技性的肯定，作为一款搭载于移动端的 MOBA 类游戏，拥有与电脑端相似的游戏机制，并且更加适合随时随地进行竞技，这些特点都是它能够入选亚运会表演游戏的原因。具体的竞技特点大家可以参考本章第一节中有关 MOBA 类游戏的介绍。

### 三、主流格斗及其他类游戏的解说方式

在主流格斗类游戏中，由于高速激烈的对抗是该游戏的主要特点，所以就要求解说员要时刻关注场上双方的几个关键能量槽情况，还有选手本身的细微操作，包括对对方操作的判断和己方的反击，比赛时双方选手都可以看到对方的操作，所以有些操作有时也具有迷惑对手的作用，以上的这些在赛场上往往以秒为单位就会发生，解说员要时刻注意这些细节，并且把后续的影响及时地向观众做详细的解释说明。

针对模拟体育类的游戏，就要求解说员掌握该版本中球员的能力值变化带来的战术执行程度的影响，这种要求需要解说员用与实际运动相结合的方式进行理解和掌握，一个球员能力值以由于能力值调整导致的战术地位的调整都是需要及时了解的。在实际运动中，由于战术的调整，整体在场面中呈现的球权调动和攻守态势都会有明显的变化，所以作为该游戏的解说员，贴近实际体育运动的解说方式可能是更为合适的选择。

来到《皇室战争》这种综合了卡牌和塔防两个游戏类型特性的游戏中，解说员应该具备的素质不仅仅是对卡牌内容的充分理解，还要充分掌握塔防游戏中胜利机制的判定，由于

《皇室战争》的胜利条件为固定时间内收集皇冠多或直接摧毁国王塔的玩家获胜，所以所有战术都会围绕这两个条件展开，这也就意味着玩家拥有多种达到胜利条件的战术可以选择，作为解说员，明确卡牌的通用战术组合、关注选手惯用卡牌组合和战术是很必要的，只有这样才能在面临战术被触发时做到详细的解读。

对于其他结合了多种电子竞技形式的游戏来说，综合各个游戏所需要关注及解释说明的要求所进行的现场解说工作是基本要求。

（一）《街头霸王 V》

我们在这里选取的是 2017 卡普空官方巡回赛事日本站的比赛，由于日本本土选手在格斗类游戏的统治地位，这场比赛也被誉为最难获胜的一场分站赛，而曾卓君（ID：小孩）在落后两局的情况下连追三局，特别在最后一局第一回合中，小孩在丝血且超必杀技用掉的情况下将根本直树（ID：NEMO）反杀，极大地提升了自己的信心，我们选取最后一局中的两个回合进行分析，看看两位选手精彩的对决可以带给我们什么样的解说思路。

"前冲以后直接一发头。"

"在这个点直接选择前冲。"

"但并没有看到 NEMO 的出招动作和出招节奏。"

"只是单纯地想上来头你。"

"前冲两下。"

"拆开。"

"重脚测一下距离。"

"下重脚缓一下。"

"两边都在不断地出空招。"

前面的选择其实有点赌博的成分，解说员可以看到在没有进行任何距离和招数的确认时，小孩就直接出击，这个出击也承担着相应的风险，这些就是解说员在现场解说的另一个内容，即在选手做出较为冒险的选择时，及时地告知观众这样行为的不合理之处。

"好的，小孩这边确认到，直接轻脚一发头。"

"快要进到板边。"

"还差一口气要怎么推。"

"结果 NEMO 自己选择进到板边。"

"刚进到板边选择直接一个 EX 出来。"

关键招数并不一定是为了进行攻击，在这里解说员需要对双方在认识危险处境时的选择做一个解读，包括这个选择可能会为后面对决带来的影响。所有的前提是解说员要瞬间反应到招数释放的效果。

"小孩眼看着要到嘴边的一个优势又没有了。"

"这一个重拳，一个对空，小孩下来要吃一套，这个肩撞距离还不错。"

"好的，NEMO 这边出现一个重大失误，由于下重拳没有打出二段无法取消。"

"被小孩直接一个下重拳确反。"

"跳入，轻拳（重拳挥完以后）。"

在这里，由于对方招数的失误也可以作为反击的标志，因此此时快速的攻守转换需要解说员及时准确地说出场上的形式，包括使用招数的种类和内容。

"NEMO 这边还是选择 EX 墙，小孩这边只剩最后一口气怎么办。"

"最后的血量选择带 CA。"

"直接选择走出来，小孩这边三格能量用掉但是没有打到任何东西。"

"中拳，一个地箭，下轻跳躲掉对手地头槌之后，最后一套带走了 NEMO。"

此时就显示出了格斗类游戏所独有的瞬间改变战局胜负关系的特性，由于关键招数的存在，选手可以做出很多选择，包括转换双方位置，甚至直接找到有利位置进行进攻取得比赛胜利，在这里小孩用一个超必杀技直接将 NEMO 逼进板边。

"小孩反而来到自己赛点。"

"最关键的时刻，小孩会怎么来处理这一局。"

"还是这个距离，小孩在这个距离就是王者，我就在这个距离打得过你。"

"一个地箭近身，重拳，再一个地箭。"

"一个重拳升龙直接打晕。"

"这一套打完之后应该就剩一小下。"

"竟然用 Trigger 直接骗掉对手一个金色的头槌。"

"结果 NEMO 就在这个金色的头槌下默然离场。"

这里的解说方式应该随着选手的个人出招节奏进行，由于节奏的连贯，这样的比赛往往看起来相对流畅。

综合了以上分析，我们可以很清晰地认识到，由于格斗类游戏的节奏瞬息万变，作为解说员要做的就不仅仅是分析优劣势情况，更多地应该照顾到观众没有捕捉到的信息，甚至在赛事节奏流畅进行时更加兼顾观众体验。

（二）《FIFA online 3》

由于《FIFA 18》的比赛多数设置在北美，亚洲范围内的相近游戏类型为同样是 EA 制作的《FIFA online 3》，它与《FIFA 18》的操作模式相同，不同的地方在于搭载平台及线上对战的模式。在这里我们选择的是《FIFA online 3》职业联赛总决赛的最后一场（宋迪 VS 丁材荣）进行解说分析。我们节选了一些对于场上形势判断的要点进行学习，这些要点与足球解说有密切的联系，这就提醒我们要更加注重模拟体育类型中实际运动的重要性。

"小迪选择费尔南德托里斯，好用啊，继续。"

"锋线上采取四前锋的战术。"

"丁材荣这边很喜欢扎克卡尔多啊，继续用他打右后卫。"

"前场的大小魔兽组合，虽然德罗巴进了一个，但是小魔兽卢卡库冲击力强的作用发挥不出来，这两个人好像不太搭。"

"可能是因为之前几场比赛卢卡库的关键性进球。"

在解说看到战术布置面板时，就应该向受众阐明这些战术布置的优劣势，包括阵容选择的已知原因。

"右路内切的配合。"

"左路的推进，往中路过渡，危险啊。"

"卢卡库绕在对方两个中卫身后，直接冲顶，进了。"

由于足球比赛中，解说员更多的时间是针对双方战术布置和球员个人执行战术的程度上进行解释说明，所以上面这样的情况要及时注意，如果一方频繁地采用同样的进攻模式，另一方又没有很有效的方式快速地解决，那么进攻方取得进球的可能性就会很大。

"德罗巴的传球和卢卡库的跟进实在是天衣无缝。"

"这一场的长传球选择很多。"

"库尔图瓦这个扑救很及时，但是队友啊，为什么要让他转身。"

"又在边路往中间推进。"

"危险。"

"中卫让对方中锋那么轻松地转身这是防守上的大忌。"

进入到临近中场阶段，小迪的防守问题再次暴露，这跟赛前他战术的布置不无关系。选择四前锋的站位本来就会让中区显得薄弱，中卫防守的频频失位让中路推进变得更加轻易，结合赛前分析中提到的卢卡库及德罗巴对防线撕裂的强大能力，形成这样的局面也就不奇怪了。这也就是我们在游戏特性介绍中提到的，作为解说员，不仅要考虑到游戏中战术的选择，更应该兼顾实际运动中运动员的个人能力所体现出来的战术影响力。对于这一点来说，解说员要大量参考球员在比赛中的实际数据和表现综合考虑。虽然在电子竞技游戏中，球员基本可以避免出现较大的状态起伏，但综合体力和球员之间位置配合的感觉所带来的影响也是不可忽视的，在进行解读和说明时也要注意这些问题。

在以上两款游戏中，我们看到了关于追求极致反应能力及细微操作的格斗类游戏内容，或者与实际体育运动息息相关的模拟体育类游戏内容，这些内容与电子竞技结合后对解说员提出了更高的要求，这就让我们更要明白在电子竞技环境中所应该起到的解说作用：尽量把观众最需要知道的内容和信息及时传达。当然，这些内容和信息不仅仅包括即时场上发生的情况，也应该包括前期战术布置和战术执行过程中变量存在所起到的干扰因素。

除此之外，还有一些其他类型的游戏需要了解，但大体不会超出操作和战术意识两个层面，除了这两个层面之外，要注意的是具体游戏中具体的解说方式要兼顾到游戏本身受众的接受方式，很多玩家对于游戏的理解和所获得的关于职业赛场上的战术信息是有区别的，所以在这个时候我们要选择通过不同的情况下不同战术所达到的结果去进行侧面的补充。例如，在《王者荣耀》及《王者荣耀》国际版（下文统称为《王者荣耀》）中，由于游戏节奏的加快，往往在很短的时间内英雄就会达到等级解锁相应技能，之后就会进行到交战阶段，所以这个时候需要解说员及时调整状态迎接交战阶段的到来，包括双方的关键技能释放和资源交换重要程度都需要告知观众。在 MOBA 类游戏最重要的团战解说中，双方关键输出位置的站位、输出空间的选择都是解说员需要敏锐注意到的。在团战后，那些明显导致团战胜利或失败的选择也是需要在后续解释说明出来的，这些内容不仅可以帮助观众进入竞技的情绪，也有助于加深观众对游戏的理解。

在 2018 年雅加达亚运会上的另一个表演游戏《皇室战争》就显得更加偏重战术层面的竞争，由于卡牌总数较少，所以双方对于彼此卡牌的判断会有一个大致的方向，而这些卡牌出现的顺序以及选择保塔或进攻的策略就显得尤为重要。这些策略一方面可以通过卡牌的使用得知，另一方面就要看选择进攻或防守的路径。在《皇室战争》的比赛中，解说员前期往往需要综合圣水数量和卡牌性质做预测，进入到正式交战期间则更多的是为观众阐明场上情况和双方手中卡牌的优劣势选择，这些特性与经典的集换式卡牌游戏十分相像，但一旦进入到意味着胜利条件的皇冠问题上，我们就要考虑塔的血量问题了，这些问题需要解说员根据经验及场上形势判断过后为观众做详尽的说明。

综上所述，不同的游戏对解说员有着不同的要求和不同的侧重点，但解说内容的构成往往不会离开对于战术的分析和对操作的说明。在格斗类游戏中，操作的说明占了绝大部分，由于选手在场上招数的即时选择使得解说员需要更加专注地阐述接下来对于胜负关系的影响。从以上的解说案例可以看到，解说员对于招数衔接的解读是非常准确的，而这些准确的解读需要解说员花费很多精力和时间去进行观看练习，这就对解说内容的日常积累提出了一定的要求，而这些招数衔接在选手中都已经形成了肌肉记忆，如何接上 Combo（连续技），如何结束自己的进攻可以更顺畅地进入防守态势，这些都是作为该游戏解说员需要事先了解掌握的。

回到日常的解说训练，格斗类游戏要求解说员更多地观看各个角色互相对抗之间的优劣势连招组合，也需要在看到这些招数的前摇时就能准确地反应接下来的 Combo 以及不同角色破解 Combo 的方法，同时，Combo 完成后如何转入防守也是解说员必须要掌握的。关于解说顺序的问题，在日常的竞技解说中，解说的内容往往会被场上瞬息万变的局势所带动，一般解说的内容都会围绕着选手的招数展开，在攻守态势互换时简单阐明原因或失误点，直到双方分出胜负后再进行详细的解读。所以，一个好的格斗类游戏解说员有可能不是一个顶尖的格斗类游戏高手，但是必须是一个对该游戏所有细节了如指掌的资深玩家。

在模拟体育类游戏中对于解说员的要求就显得更加接近传统的体育解说员，由于有着相对来说较长的相持时间，球权的转移和转移背后所想要达到的战术目的都是解说员应该说明的，往往双方前期场上战术的布置就意味着整场比赛双方所采取的攻守选择。以足球来说，"433""4231"等都是目前常见的战术布置，追求中场高点的控制还是追求边路的撕扯都依赖于玩家的选择，这些内容在赛前就可以获取，所以解说员要在开赛之前就向观众做赛前比赛走势的简单预测。随着比赛的展开，影响比赛走势的更多因素慢慢出现，此时针对对位球员的发挥和操作球员的选手本身的选择是解说员需要说明的。

说到这里就可以发现，在日常的解说训练中间，针对不同模拟体育类游戏来进行更加丰富且精细的战术信息积累是非常必要的，这也是决定解说员解说内容是否专业的根本所在。

以上是几个不同类型游戏的解说各自的特点，而这些特点与游戏特性息息相关，针对游戏及自身特点进行针对性的练习，有助于我们更好地融入到对应游戏的解说工作中。不同的游戏会有不同的要求，前文也提到了这些要求的侧重点，但还是有很多解说经验不是很丰富的解说员会出现不知道说什么的情况。针对这种情况其实我们可以在练习中间稍微参考上述解说案例中的顺序及时间节点进行练习，之后在理顺流程的前提下更加精进自己的表达，形成更加具有自身特色的解说内容。

# 第七章
# 电子竞技解说经典案例分析

中国有句古话：名师出高徒。意思是高明的师傅能教出技艺高超的徒弟。如果将这句话的含义进行引申，则表示了在一个行业领域内人才链与人才群体崛起中的师承作用。所以想要成为一名优秀的甚至是业内屈指可数的电子竞技解说员，如果有一位在行业领域内的大师为其传道授业解惑那么必将事半功倍。即使没有办法直接获得这些行业领域内大师的亲自指导，若是可以以他们作为目标，学习他们的优点，通过模仿融会贯通，也必将受益匪浅。此章的目的是为大家列举一些行业内优秀的解说员，来帮助大家快速认识和了解他们自身的特色，从而有的放矢地提高自身的能力。

## 第一节 "BBC" 张宏圣

BBC 本名张宏圣，1980 年出生于安徽，imba TV 主持人，制片人。毕业于复旦大学上海医学院，圈内人称 BBC。

### 一、人物评价

BBC 被圈内人尊称为 B 叔。B 叔是少数将主持和解说员的双重身份较为完美地集合在一起的人，是广大控场型解说以及电子竞技主持人学习的模板。

早期的 B 叔以解说出道，和魔术杨组成搭档解说《魔兽争霸Ⅲ》，BM 组合在当时是脍炙人口的《魔兽争霸Ⅲ》解说组合，虽然之后该游戏逐渐没落，但是 B 叔依然在多个电子竞技项目中担任主持和解说员，同众多搭档为电子竞技爱好者奉献了一场又一场优秀的电子竞技赛事。值得一提的是，B 叔并不是职业电子竞技选手转型解说员，相比职业选手，他是"草根"出身，但这并不影响 B 叔成为一名极其优秀的电子竞技解说员及主持。所以各位想要从事电子竞技解说及主持的同学，完全没必要担心自己因为职业经历的缺乏而无法胜任。

### 二、解说特点

#### 1. 善于活跃解说气氛、情绪控制恰当

作为一名控场型解说员或是主持人，对于气氛的调动是非常重要的，同时要时刻铭记自己的"绿叶"功能，即以搭档和嘉宾为主。这一点在 B 叔的解说过程中我们经常可以看到，当自己的观点和嘉宾的观点出现争议的时候，往往以嘉宾为主；因为嘉宾往往是由某一电子竞技游戏的职业选手担当，他们对于电子竞技游戏的理解往往大于自己；当出现几位嘉宾因为某个观点出现争执的时候，B 叔往往会通过打趣的方式另辟蹊径化解这样的争执。

之前章节讲述过控场型解说需要把控整个解说的流传和节奏。所以控场型解说对于自己

的情绪也要有非常强的控制力。不能完全不投入情感到比赛当中，但是也需要其控制情感，以免出现因为情感过于强烈导致解说事故的发生。

例如，在第三届 DOTA2 国际精英邀请赛期间，由于中国军团的全面失利，同福迎战 Orange 的最后一场意味着中国军团是否有战队可以位列前三，当最后同福输给 Orange 的时候，作为中国的《DOTA2》解说员，其内心都非常难过。与 B 叔搭档的单车和冷冷因为感情过于投入而无法接受作为 DOTA 世界霸主的中国军团无缘前三的这样一个事实，情绪非常低落，并且没有很好地控制住状态，几乎无法解说。在那场比赛最后阶段的 3 分钟里，B 叔作为一个富有经验的控场型解说员承担起了责任，以一己之力将最后的 3 分钟解说下来，不但对此次中国军团的实力给出了分析，同时也积极鼓励着中国军团，表达了对于中国军团未来再次崛起的信心。

### 2. 勤于学习、涉猎广泛

B 叔并不是职业选手出身，相对比职业选手来说对于游戏的理解没有那么深刻，但是也正因为如此，他不会过多地深入和局限于某一个电子竞技项目。我们可以看到，B 叔的解说范围非常广泛，从最早的《魔兽争霸Ⅲ》，到《星际争霸Ⅱ》，再到后来的《DOTA2》《英雄联盟》和《炉石传说》等各个项目，我们都能见到 B 叔的身影。虽然控场型解说对于电子竞技项目的熟练程度要求不是特别高，但是如果对于电子竞技项目的理解非常浅薄的话，就会出现不知所云的情况。跟不上游戏的节奏，甚至是打乱解说搭档的节奏，这也是为什么很多观众讨厌"花瓶"型解说的原因所在。

但是 B 叔可以横跨这么多的领域，一方面是基于自己的游戏天赋，另一方面更多的是勤于学习各个游戏项目的知识。虽然人的精力是有限的，但是只有确保自己在解说过程中不掉队，这样才能横跨多个项目。

### 3. 找准定位、掌握分寸

控场型解说在解说台上一定要找准自己的定位，切记不可以喧宾夺主。多学习自己不了解的领域和知识，不要不懂装懂。在 B 叔的解说和主持过程中，我们可以看到 B 叔大多是以一个第三人称的视角来观看和解说比赛。正所谓当局者迷旁观者清，以一个旁观者的视角来解说比赛，往往可以发现一些搭档难以发现的点，从而补全整个解说或者当搭档出现某些失误的时候可以及时补救。

## 第二节 "小色"黄旭东

"小色"原名黄旭东，毕业于四川理工学院。曾经解说《星际争霸》，现已转型《星际争霸Ⅱ》。现任电竞直播平台 NEOTV 制片人、项目经理，WCG 赛事策划，WCG 中国队领队。

### 一、人物评价

黄旭东是国内目前最专业的解说之一，更是大家熟悉的"毒奶梗"的原型。"毒奶"开始是指代某些人赛前十分看好某一支战队并为他们加油，结果这支战队输了。例如，2014 年 WCS 世界

"小色"黄旭东

总决赛，黄旭东赛前预测时看好的选手如 Classic、Soo、Zest 等全都没能进入八强，而预测时被认为最菜的 Life 一路高歌猛进，并最终夺冠。2017 年，2017GSL 第一赛季，黄旭东点出最强六名选手——herO、Innovation、TY、Maru、Dark、Byul，预测冠军必然在此六人中产生，但不料四人止步八强，其余两人小组赛即遭淘汰。种种事例不胜枚举，因此他也被大家亲切地称之为"电竞毒奶"。虽然如此，他的解说心路历程向人们证明了不忘初心、方得始终这句话。

《星际争霸》可以说在中国电子竞技历史上留下了不可磨灭的痕迹，中国最早的电子竞技世界冠军就来源于此项目。虽然《星际争霸》在 20 世纪 90 年代初影响力非同一般，但随着《魔兽争霸Ⅲ》《DOTA》《英雄联盟》等游戏的出现，以及《星际争霸》自身难度过高、竞技性过强、多人参与体验不佳等原因，导致其走向末路，即使后来的《星际争霸Ⅱ》做了很大的调整，也没有办法回到曾经的辉煌。

当时很多人断言，《星际争霸Ⅱ》在中国必将走向衰亡。但是由黄旭东、F91、MSJOY 组成的神奇组合"星际老男孩"，通过他们的坚持、敬业和经验，以及富有幽默和创意力的解说，国内的电子竞技玩家对《星际争霸Ⅱ》的关注度不断提高，整个中国星际争霸圈的生态逐渐变好、产业"蛋糕"逐渐变大。

### 二、解说特点

黄旭东是非常有影响力的电子竞技解说员之一，他身上所具备的特点有以下几点。

#### 1. 坚持自己热爱的事物

众所周知，RTS 类型的游戏在目前电子竞技游戏中的学习成本是位列前三的，而且其游戏类型过度强调 1 VS 1 的对决，使得玩家很难在游戏中实现个人英雄主义，这导致 RTS 类型的游戏的受众非常少。而《星际争霸Ⅱ》目前是 RTS 游戏类型中最为复杂的电子竞技游戏，这使得《星际争霸Ⅱ》的游戏受众更加少。游戏受众数过低，赛事观众的数量自然也非常低，从而导致整个《星际争霸Ⅱ》的关注度很低，以《星际争霸Ⅱ》为主体的部分电子竞技产业的发展不但止步不前，甚至倒退。很多原本在《星际争霸Ⅱ》圈内活跃的选手和解说员纷纷转投他处。

但是黄旭东却选择了努力和坚持。从 1998 年至今，黄旭东从事与《星际争霸》相关工作上超过了 19 年。在这 19 年中，他并不是一帆风顺，而是命运多舛，低谷、谩骂，家人的不理解，经济的拮据时刻伴随着他。因为 2008 年的"膈应门"事件，黄旭东甚至一度退出星际圈。

最终，这份热爱有了回报，2010 正式发售的《星际争霸Ⅱ》给了黄旭东证明自己的机会，而他也牢牢地抓住了这个机会，一步步成为今天的"旭东老仙"。曾经有圈内人打趣地说道："为什么大家都听黄旭东的解说，那是因为圈内没人解说《星际争霸Ⅱ》了"。虽然这是一种开玩笑的说法，但是从侧面能看出，正是因为对《星际争霸》的热爱，才让黄旭东一直坚持到了今天。在别人选择放弃的时候，他选择坚持；在别人退出圈子的时候，他鼓起勇气重新来过；在别人因为圈子太小得过且过的时候，他和朋友组建了"星际老男孩"求新求变。黄旭东曾经在接受采访的时候表示自己是因为运气好才获得这样的成就，但倘若没有这份坚持和热爱，即使幸运女神想要眷顾你，也找不到人在何方。

在现在的电子竞技圈，每年有大量的游戏诞生，有很多想要成为解说员的新人会很迷茫，到底应专注于哪一款游戏进行解说。对于电子竞技解说员而言，不应该着眼于哪款游戏最火热，而是应该着眼于自己内心喜欢哪款游戏并坚持下来，只有真正热爱才可以做到最好。

2. 加强专业素质，勇于下判断

黄旭东的《星际争霸Ⅱ》水平非常高，在国内的实力数一数二，具备击败职业选手的实力，甚至被称为"中国《星际争霸Ⅱ》守门员"。有这么一种说法，想要判断自己在中国是否可以成为《星际争霸Ⅱ》职业选手，至少需要击败黄旭东数次。

具备高超的游戏水平后，黄旭东的解说如鱼得水。虽然，前文提过是否具备高超的电子竞技游戏水平不是成为一名优秀电子竞技解说的必备条件，但是具备高超的电子竞技游戏水平可以让电子竞技解说员事业更加辉煌、使解说更具备说服力。这也是为什么"毒奶梗"源于黄旭东的原因之一，因为黄旭东具备比肩职业选手的游戏水平，所以对于局势的判读非常具有说服力。当黄旭东解说的比赛，局面出现神奇逆转以及由一些不可抗力导致局势反转时，虽然黄旭东对此刻的局势可能会判断失误，但是几乎不会有人质疑是其游戏水平过低、胡乱解读。而如果一名游戏水平特别低的解说出现这一情况的时候，这种质疑之声一定会不绝于耳。

《星际争霸Ⅱ》属于典型的 RTS 类型的电子竞技游戏，这样的 RTS 类型游戏通常需要掌握战术、操作、地图机制、兵种特点等方面。专业 RTS 类型的解说员能够在选手开局时，根据选手建筑摆放的顺序、出生点的位置、对抗的种族特色、地图的特点，甚至是选手的习惯，来预测选手本场比赛所要使用的战术，并对这一战术做出解析，如战术的关键点和战术的优劣势。

做出这些判断和解析需要大量的游戏经验积累，换句话说，专业解说员要敢于下判断。在比赛当中，对战双方将要发生交火，在交火前根据双方的兵力配置和所处的地图位置，解说应给予判断。例如，这个时刻双方会不会选择交火，如果交火，双方会怎样选择阵型，优先击杀哪些兵种，哪些单位的技能可能对这次交火有决定性的作用等；还有交火之后哪一方占有优势，局势会偏向哪一方。这些都不是可以通过直观的画面表述可以看出来的，需要有足够的经验才能对此局面进行判断。普通的 RTS 游戏类型观众可能会依靠战损指标来做判断，虽然战损相对而言比较直观，但战损多的一方并不一定就是劣势。例如，一方虽然战损大于另一方，但是通过交火互换单位达到了开设分基地的战略目的，那么解说员就不能判断这一波交火中战损多的一方在整个局势中处于劣势。

而在众多的《星际争霸Ⅱ》赛事中，黄旭东对局势的判断往往是非常准确的，所下的判断是基于丰富的经验及场上的局势。例如，著名的"飞龙骑脸"事件中，TooDming 与 Alicia 决胜盘，Alicia 由于自己的失误导致初期严重不利，而 TooDming 抓住机会，开设了四个分基地，在整个场面上占据优势。在决战前，TooDming 拥有 180 人口，而 Alicia 只有 106 人口。同时 TooDming 拥有机动性非常高的飞龙，可以说是"黑云压城城欲摧"。此时便有了黄旭东那段著名的解说词"180 人口打 120 人口你有飞龙的情况下怎么输你告诉我？"可以说当时黄绪东的解说判断是对的，但是因为 TooDming 自身操作的严重失误，在决战中选择冲击地形不利的位置并且飞龙没有集火对方的关键单位，对方关键单位全面红血但是没有死亡依旧在输出，最终导致在极大的优势下痛失比赛。于是黄旭东的"毒奶"之名也不胫而走。但也正是这种敢于下判断的自信和勇气，让黄旭东的解说被大家所喜爱和牢记。

除此之外，作为专业的电子竞技解说员要"脸皮厚"，会做"墙头草"。"脸皮厚"是指在解说过程中，解说员一旦对于局势下了判断，如果错误那么就会出现"打脸"情况，当出现这种情况的时候，解说员要忘记刚刚发生的事情，迅速调整心态，解说接下来的比赛。"墙头草"表面上的意思是谁有优势就吹捧谁，实则是将双方的方方面面都向观众解答出来，不带有过于影响观看的倾向性。

### 3. 将创意和幽默相结合

我们都知道，电子竞技解说员需要具备幽默感，这样才可以在漫长的比赛过程中调动气氛，让观众乐于观看比赛。但是，将创意和幽默感结合却并不是一件简单的事情，而黄旭东作为一名专业的电子竞技解说员，将这一点做得非常好。"星际老男孩"组合的各种经典语录正是将创意和幽默相结合的集中体现，如之前提到的"飞龙骑脸"就是其中之一，还有如"查尔星之子""西湖裸双""吕布""赵云""张辽"等经典的幽默名词就出自黄旭东之言。将历史人物和现场比赛的局势相结合的解说，同时辅以对应的典故，既幽默又有创意。

# 第三节 海涛

海涛，本名周凌翔，1986 年出生，江西九江人。原 Games TV 游戏风云频道主持人，现 imba TV 创办者。

## 一、人物评价

聊到知名解说员，海涛是国内电子竞技圈中无法避开的明星解说。众多职业选手和电子竞技媒体工作者都曾经表示：海涛的电子竞技解说推动了 DOTA 的发展，甚至推动了 DOTA 类游戏乃至整个电子竞技行业的发展。当时在优酷网上发布的 DOTA 视频解说的点击量几乎是所有解说视频排行的榜首，整体点击量已达 2 亿。

海涛视频开场白中"不图不挂素质 DOTA"的口号是很多 DOTA 老玩家的记忆。可以说很多 DOTA 爱好者都曾被海涛影响，从而进入 DOTA 这个大家庭。就像 SW6 现场采访海涛时所说，"如果没有你（海涛），不会有这么多人来优酷看 DOTA 的解说视频。"

## 二、解说特点

纵观海涛的经历，他并不是电子竞技职业选手转型的解说，而是一名"草根"播客，但是最后却取得了很多职业选手都无法取得的成绩。海涛的经历再一次证明，职业选手的经历可以提供一个很好的开端，但并不是成为优秀解说的必要条件。下面列举了一些海涛解说的特点供大家参考。

### 1. 字正腔圆、水准专业

在海涛正式作为一名解说员进入电子竞技圈之前，电子竞技圈的解说员大多没有受过专业的播音主持训练。在解说过程中，带有口音、发音不准、口齿不清等现象时有发生。而在海涛的经历中我们可以看到，虽然他大学学习的是法律专业，但是其在高校社团演讲活动中因为普通话较好，被学校广播站看中，着力培养；之后又在 2010 年于广东省韶关人民广播电台担任节目主持人。这些经历使得海涛同当时其他的电子竞技解说员有着很大的区别，即清晰的普通话、扎实的播音主持基本功及较为正统的传统解说员形象使得海涛迅速脱颖而出，在当时的 DOTA 解说圈中一枝独秀。

### 2. 分析用户、找准服务对象

对于非职业选手出身的海涛来说，在解说过程中与职业选手相比，对游戏的理解及对特殊操作的认识往往会处于下风。但是，海涛另辟蹊径，敏锐地感觉到了当时有很多新人希望学习 DOTA、参与 DOTA，而这些新人苦于游戏机制过于复杂又求师无门，于是海涛找准用户定位，以《海涛教你打 DOTA》作为其中一个视频解说系列，强调入门级教学，让很多希望学习 DOTA 的新手，可以快速通过游戏的基础学习阶段，从而降低游戏成本。通过该视频解说系列，海涛收获了大量的粉丝。由此我们可以看到，作为一个电子竞技解说员，找准自己要服务的对象，优先把握和解决他们的需求是非常重要的。

### 3. 建立标志性语言，形成自我特色

虽然电子竞技赛事的主题是比赛和选手，电子竞技解说员的职责是衬托和优化比赛和选手，但是电子竞技解说员自身也需要具备足够的特色，这样才能够被人们记住，如果拥有自己标志性的语句，那么给观众的印象将更加强烈。

在电子竞技解说领域，海涛是最先将标志性语句方法发扬光大的解说。在他的《海涛教你打 DOTA》视频中，每期解说视频的开头都会有一句鼓励大家公平游戏、素质游戏的话语，即"不图不挂素质游戏，净化 DOTA 环境，从我做起"这句话结合海涛的语音特色以及传统播音员的形象给观众的影响非常深刻，至今很多人依然记得这句话。

## 第四节　史丹尼

史丹尼于 1991 年出生，上海人，为 DOTA 时代高校冠军选手。曾经斩获了国内众多赛事冠军并有丰富的职业选手经历。之后通过《加油 DOTA》节目被广大 DOTA 玩家熟悉，然后在节目中被导师海涛看中解说潜质，加入了刚创办的 imba TV，经历了专业解说主持的磨炼之后，以全面和细致入微的解说风格被更多的 DOTA 观众所喜爱。而后转型职业解说员，众多的 DOTA2 重量级赛事都有其身影，在 Ti6、Ti7 期间担任线下解说员。

### 一、人物评价

史丹尼的电子竞技解说从业之路非常奇特，与本节介绍的众多电子竞技解说的从业之路都不相同。大多数的电子竞技解说员是在学业毕业之后，或者是在职业生涯结束之后开始转型电子竞技解说员，但是史丹尼却是在大学期间通过电子竞技综艺节目一步步成为了一名电子竞技解说员。这样的经历对于现在广大想要成为电子竞技解说的高校学子来说，可以说是一个值得借鉴的对象。史丹尼在大一的时候就参加了众多的线下赛和高校赛，并被 AgFox 俱乐部看中去打职业，在一年的职业生涯中获得了很多的比赛经验。之后参与录制《加油DOTA》节目并由于大放异彩被海涛选中加入 imba TV，参与录制了《DOTA 百晓生》等众多节目和短剧。这些节目给史丹尼的成长带来了非常大的帮助，使他掌握了面对镜头时的表现力和语言组织能力，为他之后正式成为电子竞技解说员打下了坚实的基础。

### 二、解说特点

史丹尼的解说风格兼具了众多优良的解说特点。如专业的局势分析、优秀的大局观，以

及良好的解说台风和应变能力。但是他最为人称道的就是其解说的细致性和对于阵容的超前理解。史丹尼对于《DOTA2》游戏的英雄熟悉程度非常高，可以达到将所有的《DOTA2》英雄的名字、详细技能名称，以及技能数据了然于胸的地步。这对于一个官方解说员来说是非常重要并且难得的。细致入微的解说不但可以第一时间对观众的提问给予详尽的解答，同时可以更加规范化电子竞技解说，照顾新手观众。同时，史丹尼对于一些超前阵容的理解往往快于其他解说，这一方面得益于他对于游戏机制的熟悉，另一方面也是其喜欢琢磨阵容的个性所致。

# 第八章
# 电子竞技解说受众的接受动机

国内外学者对于体育赛事转播的收视动机进行了长期的实证研究及系统研究，迄今为止，受众研究在体育媒介的研究中已经占据了相当重要的地位。一般来说，受众在欣赏体育赛事转播时的心理动机可以分为情感动机、认知动机、行为与社会动机三大类，但是部分受众有时会对转播采取对抗式的解读，因而生成相应的心理动机。电子竞技运动和传统体育运动的共通性，使得在研究电子竞技解说受众的接受动机时可以直接借鉴。

无论是电子竞技游戏还是关于电子竞技游戏赛事以及电子竞技游戏的赛事转播，其服务的主体是电子竞技的广大受众。所以了解和明晰电子竞技广大受众的接受动机对于电子竞技解说体系的完善及电子竞技解说员自身的发展都有着举足轻重的作用。

## 第一节 电子竞技解说受众的情感动机

根据国外的数据统计网站 Esports-Charts 对 2017 年的世界赛直播观看数据统计，第七届英雄联盟全球总决赛从 9 月 23 日开始直播，到 11 月 4 日结束，总转播时长为 136 小时。全球总观看人数峰值超越一亿大关，实际人数为 106210010 人。

在单场比赛的观看人数的统计中，最受欢迎的比赛基本上与中国队伍息息相关。这也从另一方面证实了，中国观众是此次英雄联盟全球总决赛上的主力军地位。

在包括中国观众的情况下，最引人注意的比赛为 SKT VS RNG，全球范围内观看这场比赛直播的人数高达 106210010 人。其次是 SSG VS WE 的比赛，观看人次也达到了 9050 万。关注度第三高的比赛是 WE VS C9，观看人次高达 7784 万。我们可以发现，在最受欢迎的比赛中，前三名都是有中国队参与的比赛，而最后的总决赛 SKT VS SSG 的观看人数为 7556 万人，只位列第四。

在不包括中国观众的情况下，最受外国观

| | |
|---|---|
| 最多观众 | 106 210 010 位观众 |
| 不包括中国观众<br>4 Nov at 10:05 am | 2 022 061 位观众 |
| 英文转播上最多观众<br>4 Nov at 10:05 am | 876 162 位观众 |
| 俄文转播上最多观众<br>4 Nov at 10:05 am | 48 716 位观众 |
| 中文转播上最多观众<br>28 Oct at 12:20 pm | 104 681 792 位观众 |
| Twitch.tv 最多观众 | 1 080 997 位观众 |

第七届英雄联盟全球总决赛观众峰值

## 最流行的比赛

第七届英雄联盟全球总决赛包括中国观众情况下的最流行比赛排行榜

众关注的比赛则是 SKT VS SSG 的大战,观看人数为 202 万人,其次才是 SKT VS RNG 的比赛,观看人数为 152 万人。

## 最流行的比赛

第七届英雄联盟全球总决赛不包括中国观众情况下的最流行比赛排行榜

为了保证数据的全面可靠同时，本节还选择了同一年度的另一大电子竞技赛事——第七届 DOTA2 国际邀请赛作为参考。

根据国外的数据统计网站 Esports-Charts 对 2017 年 DOTA2 国际邀请赛直播观看的数据统计，第七届 DOTA2 国际邀请赛从 8 月 2 日开始直播，到 8 月 13 日结束，总转播时长为 109 小时。全球总观看人数峰值为 1093 万人，实际人数为 10935730 人，其中观看直播的中国人数峰值约为 1001 万人，实际人数为 10014447 人，占总观看比赛人数峰值的 91.57%。

在单场比赛的观看人数的统计中，最受欢迎的比赛又与中国队伍密不可分。这从另一方面证实了，中国观众在收看这次 DOTA2 国际邀请赛的转播上处于主力军地位。

在包括中国观众的情况下，最引人注意的比赛为 NWB VS Liquid，全球范围内观看这场比赛直播的人数高达 1093 万人。其次是 LGD.FY VS Liquid 的比赛，观看人次也达到了 1027 万人。关注度第三高的比赛是 LGD VS Liquid，观看人次高达 768 万。由此可以发现，在最受欢迎的比赛当中，前三名都是有中国队参与的比赛。

| 最多观众 | 10 935 730 位观众 |
| --- | --- |
| 不包括中国观众<br>12 Aug at 9:00 pm | 921 283 位观众 |
| 英文转播上最多观众<br>13 Aug at 1:20 am | 514 766 位观众 |
| 俄文转播上最多观众<br>12 Aug at 9:05 pm | 362 031 位观众 |
| 中文转播上最多观众<br>13 Aug at 1:20 am | 10 051 879 位观众 |
| Twitch.tv 最多观众 | 815 370 位观众 |

第七届 DOTA2 国际邀请赛观众峰值

| NWB vs Liquid | 10 935 730 位观众<br>Final Day<br>13 Aug, 01:20 GMT |
| --- | --- |
| LGD.FY LFY vs Liquid | 10 272 564 位观众<br>Final Day<br>12 Aug, 18:50 GMT |
| LGD vs Liquid | 7 683 206 位观众<br>Main Event, Day 5<br>12 Aug, 01:35 GMT |
| LGD.FY LFY vs VP | 7 206 595 位观众<br>Main Event, Day 3<br>10 Aug, 04:15 GMT |
| IG vs Liquid | 6 760 216 位观众<br>Main Event, Day 1<br>07 Aug, 18:30 GMT |

第七届 DOTA2 国际邀请赛包括中国观众情况下的最流行比赛排行榜

在不包括中国观众的情况下，最受外国观众关注的比赛则是 LGD.FY 与 Liquid 的比赛，观看人数约为 92 万人。其次才是 NWB 对战 Liquid 的比赛，观看人数为 88 万人。

## 最流行的比赛

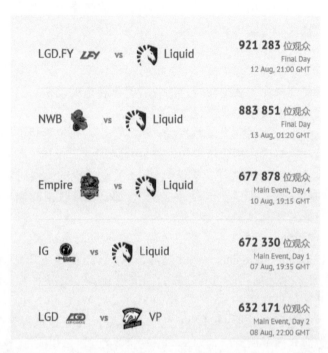

第七届 DOTA2 国际邀请赛不包括中国观众情况下的最流行比赛排行榜

通过对当前世界范围内影响最大的两个电子竞技赛事的转播情况分析，可以很直观地发现，中国的电子竞技观众对于电子竞技赛事转播的情况有着不可估量的影响。有无中国观众观看的比赛的收视情况差别巨大，这一差别足以影响到包括赛事转播、赛事安排等方方面面。

以赛事流程的一般规律来说，冠亚军争夺战的重要程度应该是整个赛事中占比最大的。在 2017 年英雄联盟全球总决赛最受欢迎排行榜不包括中国观众的前提下，这一规律大致符合实际。

而当有中国观众参与时，冠亚军决赛的受欢迎程度反而屈居第四，这就是源于我国广大的电子竞技观众对于中国队伍的热爱。同时，第七届 DOTA2 国际邀请赛最受欢迎比赛排行榜中虽然整体位置变化不大，但是在不包含中国观众的情况下，Empire VS Liquid 的比赛异军突起，在排行榜中位居第三，这也从侧面体现了我国观众对于中国战队的热爱，从而对赛事转播情况产生影响。

综上，我国观众对中国战队的热爱就是电子竞技观众的情感动机的爆发体现，这种情感体现很自然地流向电子竞技体育解说员。

观众在收看电子竞技赛事转播的过程中，情感上的波动和得失是其主要的收视动机。几乎所有的电子竞技赛事观众在观看赛事时，都会对参与比赛的双方队员投入一定的情感，在其中寻找符合自己情感需求和归属的一方为"主队"，而与主队竞争的则是"客队"。观众对于主队的情感多为喜爱、支持，对于客队多为冷漠、反对甚至是厌恶。这样的情感不对等有时会立竿见影并且特别突出，尤其是在国家与国家的队伍之间的较量中，有时又会是潜移默化的，如在一些新的项目刚刚诞生的时候。我们将这一现象称为"倾向理论"，将导致这一现象产生的因素称为"倾向因素"。在"倾向因子"被充分激活之后，受众的各种情感动机得以彰显，其中最直观的是娱乐动机。

一、娱乐动机

所谓娱乐动机就是观众为了获得愉悦感而收看赛事转播的动机。这一动机可以放在整个情感动机的首位，因为追求快乐是人类最本质的天性。

在电子竞技比赛中由于裁判的大多数权利被机器分割，导致胜负的判断几乎不会出现平局，一定会分出输赢。参与比赛的队伍自然地被划分为了胜利者和失败者。如果胜利者恰好是受众心目中的"主队"而失败者是"客队"，那么受众收视的愉悦感将大大增加；如果失败者是受众心目中的"主队"而胜利者是"客队"，那么受众收视的愉悦感将大大下降，甚至会产生沮丧等悲观的情绪。

例如，在2007年西雅图WCG的《魔兽争霸Ⅲ》项目的总决赛上，由我国著名电子竞技选手Sky迎战来自挪威的Creophus。在此之前，Sky已经获得了2005年WCG及2006年WCG的《魔兽争霸Ⅲ》单人项目的世界冠军，两次将五星红旗带上了《魔兽争霸Ⅲ》项目的最高领奖台，而此次如果夺冠，Sky将获得前无古人的WCG单一电子竞技项目三连冠的荣耀。当时，无数中国电子竞技受众对Sky充满了喜爱，甚至是世界范围内的电子竞技受众，对Sky此次的夺冠充满了期待。这时的Sky在世界范围内的电子竞技受众心目中就成为了"主队"的角色，而Creophus便成为了"客队"的角色。在接下来的比赛中我们也可以看到现场观众对于Sky的热烈支持。

但是非常遗憾的是，Sky在与Creophus的对决中，最后以1比2不敌对手失去了冠军。这使得中国粉丝十分心痛，甚至让全世界范围内期待Sky取得三连冠的粉丝们非常沮丧。

虽然Sky依然获得了2007年WCG的《魔兽争霸Ⅲ》单人项目的亚军，甚至纵观整个WCG历史上，两冠一亚的成绩无人匹敌，但是在这场比赛中作为"主队"的Sky，承载了众多的受众情感，即使是整体成绩不错，依然无法填补观众因为这场比赛"主队"失利的情感娱乐动机的缺失。不过，事物的发展需要从两个方面看，虽然因为Sky的失利，绝大多数观众的娱乐动机没有得到满足，但是少数期待Sky落败的观众的娱乐动机却得到了极大的满足。夺得三连冠和痛失三连冠这样深刻的时刻相比一般的时刻可以给观众带来的娱乐体验、情感体验更加强烈。

而在这一时刻，观众对解说员同样有着娱乐需求。在Sky打出"GG"之后，现场镜头给出了Sky双手抱头落寞的坐在座位上不愿离开的画面，而此时我国的电子竞技解说含着泪水说出了"Sky我们再不会给你压力了，谢谢你""两冠一亚的成绩已经非常好了"这样的话。"主队"的解说员在此时通过感激及感谢选手努力的话来调整和调动受众因为"主队"失利导致的低落情绪，尽力满足观众的娱乐动机。

有时观众对于解说的娱乐需求也可以呈现为解说员激情澎湃的话语宣泄。在相对漫长的电子竞技赛事传播过程中，受众需要解说员不断提供兴奋点来维持对比赛的兴趣。因此，解说员爆发性的话语宣泄是激起受众兴奋度的重要方式。

以 2017 年英雄联盟 S7 系列赛为例，在 C9 VS LYN 的比赛中，第二场比赛进行了 60 多分钟才最后结束。长时间的比赛使得观众很难集中注意力认真观看比赛，就在比赛进行到 45 分钟左右的时候，对战双方集结在大龙之处，发起冲突。就在此时，C9 的大虫子传送至龙坑附近使用大招一口吃掉了大龙。此时解说员激情四射地喊出："虫子！虫子吃掉了大龙！"让所有的观众为之一振，兴奋度极大地得到了提高。

Sky 打出 GG 后双手抱头

为了满足观众的娱乐需求，电子竞技解说员有时还会对参赛的职业选手进行善意的调侃，从而达到特殊的传播效果。例如，在《DOTA2》赛事当中，前职业选手 ROTK（白帆）因为性格奔放开朗也常常被电子竞技解说员作为调侃的对象来活跃气氛。经常会有解说员在比赛过程中说 ROTK 会有三个绝活英雄，分别是"兔子""黑暗贤者""DS"，这三个称呼其实指的是一个英雄，以此来调侃 ROTK 擅长的英雄不多的情况，但同时充分肯定了 ROTK 对黑暗贤者这个英雄的理解。这样善意的调侃不但可以使受众的娱乐需求得到满足，也使得 ROTK 被玩家所牢记。

那么到底哪种娱乐需求对于观众来说是最需要的呢？通过部分学者证明，受众最强烈的愉悦感来自于自己最钟爱的队伍或选手击败了自己最讨厌的队伍或选手，而受众最大的挫败感或是负的愉悦感来自于最钟爱的队伍和选手被自己最讨厌的队伍和选手击败。

通过对于观众娱乐动机的分析，可以帮助解说员在恰当的时机和恰当的场合使用适当的方法来满足我们观众的娱乐需求，不但使得观众更加喜爱赛事，也可使得自身的解说水平有长足的提高。

## 二、积极压力动机

除了娱乐动机以外，在欣赏电子竞技赛事转播的时候，观众倾向于接受由不断提升的精彩和刺激场面带来的积极情绪影响，这可以使他们长时间对赛事传播保持兴趣。有学者将这种动机称为"积极压力动机"。在这种积极压力动机的驱使下，受众还有可能亲身参与这项运动，或者参与到该运动的博彩和与运动相关的电子竞技游戏当中。

以英雄联盟全球总决赛为例，在历经了长时间的运营之后，《英雄联盟》的游戏玩家数开始出现下滑的趋势，但是每到世界总决赛期间游戏人数就会有明显的回升，并且在此之后的一段时间内不会出现明显下降。

曾经有研究表明，收看赛事转播可以导致受众兴奋度的提升。受众会在收视过程中持续感到兴奋、刺激、血脉喷张、面红耳赤。这很可能是由于赛事结果的不确定性所造成的。

在 2014 年英雄联盟全球总决赛的小组赛 Fnatic VS OMG 的第二轮中，双方你来我往，战斗非常激烈。在比赛后期，OMG 在被破三路，而且 Fnatic 拥有大龙 Buff 的情况下似乎已经没有翻盘的希望。但是 OMG 依靠精妙的团队配合和果断的先手将敌人的攻势打退，在 Fnatic 选择偷水晶的时候，又一次次顶住压力，在基地仅剩 50 血的时候将基地挽救了下来，最后凭借五人出色的一波团战，完成惊天大翻盘。从现场观众激动的肢体语言可以看出通过这场比赛他们获得了极大的满足。

2014 年英雄联盟全球总决赛的小组赛：Fnatic VS OMG

这样波澜壮阔、险象环生的比赛过程即是比赛中的连环悬念，会令受众感觉无比的紧张却又愉悦。

同时，比赛的悬念不仅仅是由赛事本身自然发生的，伴随着故事情节的解说能够提高受众对于比赛悬念的认知，进而使受众获得充分的积极压力。如果体育解说员将一定量的解说话语运用于选手之间的激烈对抗中，或者是用于渲染双方选手之间的过节的话，将使得轻度和中度的体育受众更容易投入到解说员设置的话语情境中，实现传播效果的正面影响。

### 三、自尊动机

自尊动机一般来自于电子竞技赛事的观赏之后。有相关研究表明，部分受众在收看完赛事转播之后，自信心获得很大的提升，自尊感明显加强。具体来说，亲眼目睹自己喜爱的选手或者战队获得胜利会提升受众的自尊感并在日常生活中显著增加自信心。

在第六届 DOTA2 国际精英邀请赛上，Wings 战队一路过关斩将、披荆斩棘，在中国战队几乎全面溃败的情况下，勇夺国际邀请赛冠军。这一事实让国内的电子竞技受众实现了自尊动机，获得了心理上的极大愉悦。有许多研究表明，看到自己喜欢的队伍获胜之后的受众会在很长一段时间内，心理、情绪等方面的表现明显比看到自己喜爱的队伍失利的受众积极。

而解说员在比赛过程中强调和突出获胜队伍的获胜进程以及获胜事实，对于观看赛事转播的该队伍的受众来说可以更加强化其自尊动机，并且由此获得这一部分观众的喜爱。如在 Wings 夺冠的时刻，我国解说员声情并茂地讲解 Wings 一路走来的艰辛，并对 Wings 战队在此次国际邀请赛中捍卫中国 DOTA 荣耀给出极大肯定。这一举动就是解说员丰富受众自尊情感的良好范例。

### 四、逃避动机

情感动机中的前三种动机类型都与"倾向理论"息息相关，受众在收视过程中接受娱乐动机，又经历积极压力动机，也有提升自尊感的动机。此外，还有部分受众是为了逃避现实生活中的压力才选择观看赛事转播，这种动机被称为"逃避动机"。

在当今的社会，人们的生活节奏很快，压力巨大。观看电子竞技赛事，参与到电子竞技游戏中可以极大地释放自己的压力。此外，还有国外的实证研究结果显示，男性的逃避动机远远大于女性。收看个人项目的比赛比收看集体项目的比赛逃避动机更高。

## 第二节　电子竞技解说受众的认知动机

### 一、学习动机

学习动机源于受众总是通过欣赏赛事转播来了解有关选手和战队的信息资料。

一方面，资深的电子竞技受众普遍希望自己可以是相关电子竞技项目上的"百科全书"。在赛事转播的时候，解说员的话语和字幕信息总会不断地提示有关于选手和战队的数据和信息，这其中有可以直接通过比赛获得的，如补刀数、时间、牌库剩余等，也有一些数据和信息是解说员通过圈内资源以及私人关系获得，如战队之间的训练情况、队员之间的恩怨情仇等，这些都是吸引这部分电子竞技受众的关键因素。故此，学习动机就成为了这部分受众重要的收视动机。

另一方面，部分中度和轻度的电子竞技受众，有时也会被高端的、大规模的电子竞技赛事吸引。他们因为周围人的影响或者媒体的大肆宣传而对于某一项目形成兴趣，在收看的过程中不断加深自己对于该项目的了解。这是另一个层面上的学习动机。只要这部分受众经常收看某个特定的项目的赛事，就会逐渐成为该项目的准粉丝和资深粉丝。如英雄联盟的赛事，有很大一部分观众平时可能会玩这款游戏，但是并不经常关注赛事，只是因为自己的男女朋友喜欢观看，而选择一起观看。在这个过程中逐渐培养了自己对于赛事的兴趣从而成为了该项目的资深粉丝。

此外，部分受众通过赛事转播还学习到了不少的收视的伴随行为。例如，一些资深电子竞技粉丝在现场、酒吧、露天场所等地方欣赏自己喜欢的战队都要穿上与战队相呼应的队服、队旗等，这一行为就是在赛事转播过程中受其他粉丝影响从中启发出来的一种学习行为。

由此可知，电子竞技解说员有责任和义务为受众提供全面的赛事相关信息，例如比赛所在的城市的历史、地理、人文景观和气候状况。因此，解说员有必要被塑造为知识结构复杂的"百科全书类型"的角色。

### 二、美学动机

有部分受众在欣赏电子竞技赛事转播是由于电子竞技项目独特的美学价值。电子竞技项目脱胎于电子游戏，而电子游戏在当今社会被称为继文学、绘画、音乐、舞蹈、雕塑、戏剧、建筑、电影八大艺术之后的第九艺术，其在艺术上的表现力非常丰富。引人入胜的故事背景，充满魔幻气息的画面以及选手令人叹为观止的操作。这些是人们在正常生活中很难体验的，而且对于战争的高度模仿，也让人们可以贴切地理解和了解战争的残酷性。所以电子竞技解说员在解说赛事时，需要通过华丽的、清晰的、流程的词藻来帮助观众理解，诠释赛事的美学。

所以，受众对于电子竞技解说的需求有两个方面。一方面，是电子竞技解说员对于游戏项目和游戏画面的美学诉求的阐释，例如慢镜头的回放中的美学价值；另一方面，是体育解说员解说话语中的美学价值。

# 第三节　电子竞技解说受众的行为和社会动机

### 一、释放动机

之前我们已经了解到在受众的情感动机中，目睹自己喜爱的选手或职业战队获胜可以使受众的愉悦感大为增加。但是还有一部分受众，无论是否是自己支持的选手或职业战队获胜，都可以从电子竞技赛事转播中得到情绪上的释放。这种情绪上的释放使得受众，尤其是深度体育受众在不知不觉中对于电子竞技赛事的转播形成收看习惯。他们会在电子竞技赛事即将到来之前变得非常期待，在赛事转播结束之后又开始期待下一轮的情绪释放。

以《DOTA2》的赛事体系为例，一年中各大比赛接连不断，对于很多喜欢这款游戏又没有时间或身体条件的电子竞技爱好者来说，《DOTA2》赛事就是其情感释放的重要方式。在情感的宣泄上，受众不单单是表现为单纯的收看行为，还会在收看赛事的同时伴随其他的释放行为，如喝饮品、购买零食及购买赛事的相关服务等。同时，他们还会伴随着赛事进程通过相关的肢体行为释放自己的能量，例如，为精彩的镜头鼓掌、为自己喜欢的队伍夺冠喝彩，或者是为自己喜欢的队伍失败而叹气，更有甚者会因为选手的重大失误而破口大骂，这样的能量释放不容小觑。

### 二、陪伴动机

所谓陪伴，它不只是停留在电子竞技赛事的观赛过程中，它还是一种社会行为。人是群居性质的动物，所以陪伴动机是电子竞技解说受众的行为和社会动机中不可以忽略的一个重要因素。

在人与人交流的过程当中，有一个共同话题是非常重要的。而赛事的转播是最能提供并且激发人与人之间交流的平台。

虽然现在有学者提出了游戏社交这一概念，但是电子竞技游戏项目的竞技性和对抗性过于强烈，所以不同水平的人之间很难顺利交流。赛事却因为其广泛性和娱乐性，使得不同水平的人也可以很方便地顺利交流，即使彼此对赛事的看法不同也不容易出现矛盾。甚至可以让两个并不认识的电子竞技爱好者，因为一场赛事而认识，有人也将这样因为同样欣赏一个电子竞技项目而结交的陌生人，称为"电子竞技邂逅者"。在很多电子竞技赛事的线下观战活动中，很多人汇聚在一起共同欣赏赛事，一起享受胜利和失败的滋味，这些都是由陪伴动机所驱动的结果。

### 三、群体隶属动机

与陪伴动机类似或相呼应的另一种动机，被称为群体隶属动机。这种动机是指在观看电子竞技赛事转播的时候，部分观众会对和自己喜欢相同队伍或站在同一阵营的人产生强烈的群体归属感。可以说，这是"陪伴动机"在"倾向理论"上的深化。这一动机也是受众欣赏电子竞技赛事转播的非常重要的因素之一。对某一项目越喜爱，其归属感越强烈。

同时，归属感也会展现出不同的层次。例如，在比赛中会将比赛的双方按照不同的标准划分。职业联赛是按照战队进行划分，观众会根据喜欢的、支持的战队形成群体；当比赛上升至国家甚至大洲层面的时候，观众自然会根据自己的国籍及所处的大洲形成群体，如英雄联盟全球总决赛各个赛区的对决中，我国观众自然会为了支持 LPL 赛区而选择成为一个群体。在业余比赛中，观众也同样有归属感，如高校联赛中，同一学校的学子会选择支持该学校的战队。当比赛按照省级来划分时，观众会根据自身所归属的省份形成群体。

但是这种归属感有时也会出现不明确的时候，当一个观众的身份是多元的时候，或者其对于某一选手或战队的感情支持大于其他方面时，他则会为了支持该选手或者该战队而放弃其他层面的归属感，或者因为自己的归属感和周边人群的归属感不同而选择隐藏其归属感。

对于电子竞技解说员来说，在解说的时候要多考虑群体的隶属动机。例如，作为中国的解说员在国内战队对抗世界战队时，要在保证公平公正的情况下，满足受众的群体归属感，和受众群体站在一起，通过话语引起受众的共鸣。

## 第四节 电子竞技解说受众的对抗式解读动机

前三节对电子竞技受众的分析有一个共同的逻辑起点，就是受众对于电子竞技赛事转播的需求和制作者想要表达的意图完全符合或者极其接近。符号学家翁贝托·艾柯认为，"畸形解读是大众传媒的法制"。在传播的过程中，由于作为个体的受众身份和社会体验有较大的差异，因此采取与赛事转播团队和主流意识形态的初衷有着较大差距甚至是对抗的解读立场是完全有可能的。因此，对于考察这部分受众实际希望从赛事转播中获得什么就非常重要了。

### 一、纠错动机

对抗性解读动机中排在首位的就是纠错动机。这一动机随着互联网的发展，甚至已经开始逐渐成为主流动机了。

当前的互联网技术飞速发展，在带给我们便利的时候也随之产生了一些问题，如网络暴力。因为互联网的犯错成本低，每个人都可以隐藏在互联网背后，此时人性中不良的一面容易被放大，想要去寻找网络上一切存在瑕疵的地方，加以评判甚至是抨击。纠错动机不是网络暴力，但是在控制不当的情况下，这一动机就会成为网络暴力的源头。

在广大的电子竞技赛事受众当中，有一部分人群对电子竞技赛事转播中出现的各种失误充满了期待，以至于他们在观看电子竞技赛事转播的时候往往是带着"放大镜"去观看，甚至是采用录制的方式将这些失误作为纪念保存下来。

怀有纠错动机的受众的纠错范围，不仅仅限于赛事本身，如现场布置、比赛频繁暂停、网络事故、字幕错误及话音不同步等，甚至比赛选手和嘉宾的一举一动也在其纠错范围之中。不过最为关注的还是解说员在解说比赛时的失误。因为相对于一般的受众来说，职业选手、嘉宾、解说员等属于"权威"的范围之内，如果可以找到"权威"的错误，对于这一类受众来说，希望挑战权威的成就感需求可以得到极大的满足。这也是此类受众纠错动机的主要来源。

例如，在某场比赛当中，官方解说员对于某一英雄的某一技能没有说出全称而是以简单的技能快捷键代指，此时一些较为苛刻的并怀有纠错动机的受众就会记住这一时刻，并通过弹幕抒发自己对于解说员没有读出技能名称这一举动的不专业行为的质疑及纠错。还有部分观众会选择将某一系列赛中，知名主播的口误汇集起来作为语录供大家娱乐和传阅，如在2016年的MSI上，就有人将joker、娃娃等人的口误记录了下来，供人们娱乐。

MSI 解说失误

受众持有纠错动机其本质并没有错，甚至可以形成反向的娱乐效果，例如解说员对局势走向的错误判断引发的"毒奶梗"。但是如果不加以引导和限制，这样的纠错动机往往会形成网络暴力，无论对于赛事、选手还是解说员，都会有极其负面的影响。

所以作为一名电子竞技解说员，必须正确认识电子竞技受众的纠错动机。适度地接受受众的纠错动机，将其作为一面镜子来反映自己的状态好坏以及优缺点，不断地以此为戒、提高自己。同时不要被受众过度的纠错动机牵着走，作为一名解说员，尤其是负责战场描述的解说员，在快语速、激情澎湃的情况下难免会出现失误，此时在解说过程中为了保持整体的流畅性可以主观忽略这一口误，留到赛事结束之后归纳总结，切不可和受众因为某一问题引起争执。同时，要坚信自己的"权威"地位，对于受众不合理的纠错，给予及时的引导，以免这一纠错行为上升至网络暴力的阶段。

二、批判动机

专家和学者在欣赏赛事转播的一个重要动机是展开学术批判，尤其是进行批判的研究，这也就是我们所说的批判动机。

批判动机与纠错动机有类似的地方，不同之处主要在于受众的身份及动机目的。纠错动机的受众多以普通观众为主，其动机目的是完成挑战"权威"的满足感；而批判动机的受众多是业内的资深从业人员和专家学者，其动机目的是为了推进行业发展、挖掘人才等。

他们多带着十分挑剔的目光观看赛事转播，更多的是将注意力放在赛事转播的结构组建、节目流程安排、节目创意，以及是否有合适的人才可以后续培养上。这类特殊的受众给出的批判往往是中肯且科学的，并会结合多种多样的方法对整个赛事转播进行全方面的研究。

对于怀有批判动机的受众来说，电子竞技解说员需要的只是尽力地完善自己，在每一场解说中努力使自己做到最好，并虚心地接受正确的批判。

## 第五节　中国受众接受电子竞技解说员解说时的特质

### 一、认知变化

虽然电子竞技运动早已在 2011 年由国家体育总局批准为第 78 个正式体育竞赛项，但是一些媒体和牟利机构的错误引导，使得整个社会中对于电子竞技抱有偏见的人依然很多。在我国，很多人认为从事电子竞技运动乃至从事电子竞技运动的相关工作就是"不务正业"。

但是随着国家对电子竞技运动的大力支持和正确引导，以及 90 后、00 后这样的互联网一代逐渐成为社会主体。在未来，电子竞技运动在社会中的地位还会逐步提高。在这一过程中，电子竞技解说员需要为了电子竞技运动的正名及社会普及做出努力。

### 二、消费结构

电子竞技运动的消费主体是年轻的"互联网一代"，伴随着我国的经济增长，电子竞技产业逐渐从边缘产业向主流产业靠拢。尤其是在体育领域，根据相关数据调查，整个电子竞技产业的产值在 2017 已经超越了中超联赛的产值，但其产业增长所用的时间远远少于中超联赛。并且电子竞技作为一种新型的文化科技升级与体育相结合的产业，其可以在人文精神、产业多样化等多个方面给予整个社会极大的支持。

但是，由于电子竞技运动无法脱离网络及电子设备，这使得其在我国的覆盖面无法像传统体育运动一样普及至方方面面，在一些贫困的地区电子竞技运动是无法展开的。

### 三、心理定势

所谓心理定势，是指观众在收看赛事转播过程中逐渐形成的试听建议领域的内化。心理学上的"内化"，是指外部物质和人的外部活动向内部心理活动的转化。例如，受众欣赏《炉石传说》或者《英雄联盟》等项目，随着时间的推移，对比赛内的细节和解说都会逐渐淡忘。但是，在接受的过程当中植入脑海的感受，却并不会完全消失殆尽。随着在今后不断接受《炉石传说》和《英雄联盟》的比赛，逐渐构成对于这些项目的收视心理基础，并凝结成受众的心理定势。受众在不断地接收电子竞技赛事转播的过程就是心理定势不断储存、累积的过程，此时受众往往无法自己觉察。一旦诉诸到收看习惯的领域，心理定势就会发挥效应，在其选择电子竞技赛事作为观看选项时，心理定势就会像一只无形的手，成为影响受众收视的重要因素。

从中国电子竞技环境的实际情况出发，可以发现，在多种电子竞技项目中，人们对于易上手，有交互性、团队性，画面表现力丰富同时又可以满足个人英雄主义的电子竞技项目的喜爱度最高。所以对于可以满足这些需求的电子竞技赛事的关注度也是最高的，如 MOBA 类中的《DOTA2》《英雄联盟》和《王者荣耀》等游戏。其次则是 FPS 类游戏中的《CS：GO》和《守望先锋》等，由于其对于反射神经的高要求，对于很多人来说上手难度较高。最后才是单人类项目如《星际争霸》《炉石传说》等项目，这些项目的赛事受欢迎的程度比前两者较低的原因或在于上手难度过高或在于画面表现力不足等因素。而格斗游戏类游戏虽然在画面表现力中最为强烈和直接，但是其过于高的难度导致游戏玩家人数本身较少。故此格斗类电子竞技赛事的受众群体一直是小众群体。

由此可见，受众心理定势对于电子竞技赛事和解说员的职业规划有着非常重要的影响。

# 参 考 文 献

[1] 魏伟. 体育解说教程 [M]. 北京：人民体育出版社，2012.

[2] 张德胜，武学军. 体育解说评论 [M]. 武汉：华中科技大学出版社，2017.

[3] 苏桂宇. 我国电子竞技网络直播解说员职业研究——以《英雄联盟》解说员为例 [D]. 成都：成都体育学院，2017.

[4] 杨贺. 中国电子竞技解说特征研究 [D]. 成都：成都体育学院，2015.

[5] 侯媛媛. 我国网络体育解说存在的问题与发展前景研究 [D]. 西安：西安体育学院，2013.

[6] 姚静. 播音与主持艺术专业体育方向人才培养方案研究——以我国四所高校为例 [D]. 西安：西安体育学院，2011.

[7] 武龙飞. 我国电视体育解说风格研究 [D]. 开封：河南大学，2011.

[8] 杨敬研. 电子竞技引入学校体育范畴的理论研究 [D]. 长春：东北师范大学，2005.

[9] 丁文佳. 我国电子竞技直播平台的发展模式探析 [D]. 杭州：浙江传媒学院，2016.

[10] 王嘉佳. 论新时期广播电视主持人应具备的素质 [J]. 芜湖职业技术学院学报，2016 (02).

[11] 张德胜，李峰，姜晓红. 体育解说评论的五大基本原则 [J]. 武汉体育学院学报，2016 (11).

[12] 罗幸，王晋豫. 浅析中国电子竞技解说现状 [J]. 西部广播电视，2015 (05).

[13] 张玲玲. 中国体育解说的历史及发展趋势 [J]. 山西师大体育学院学报，1996 (02).

[14] 骆超. 论我国电视体育解说现状、问题及发展对策 [J]. 新闻世界，2015 (10).

[15] 王春英. 网络视野下体育解说员的培养和实践 [J]. 新闻知识，2015 (02).

[16] 陈岐岳. 我国体育解说未来发展趋势分析 [J]. 新西部（理论版），2015 (23).

[17] 寿文华. 体育解说员的专业素质及其培养 [J]. 北京广播学院学报，2004 (05).

[18] 寿文华. 从退役运动员中选拔电视体育节目主持人的思考 [J]. 体育文化导刊，2004 (08).

[19] 卢彬. 论播音员主持人的政治影响力 [J]. 新闻世界，2010 (02).

[20] 王屹飞. 电子竞技主持的特点初探 [J]. 西部广播电视，2015 (06).

[21] 谢伦浩，杨多. 播音主持副语言的学理定位 [J]. 现代传播（中国传媒大学学报），2016 (05).

[22] 刘宁. 如何把握体育赛事解说的艺术节奏 [J]. 军事体育进修学院学报，2011 (02).

[23] 姜莹. 播音主持语言表达技巧的培养策略探讨 [J]. 视听，2017 (02).

[24] 刘宁，邹建新. 电视体育解说节奏的优化艺术 [J]. 文教资料，2006 (10).

[25] 鲁威人. 我国体育解说的历史回顾 [J]. 现代传播（中国传媒大学学报），2003 (04).